Currículos
teorias e políticas

COLEÇÃO EDUCAÇÃO NA UNIVERSIDADE

AVALIAÇÃO EDUCACIONAL *Sandra Zákia Sousa* e *Valéria Virgínia Lopes*
CURRÍCULOS *Marlucy Alves Paraíso*
EDUCAÇÃO DE JOVENS E ADUTOS *Roberto Catelli Jr.*
EDUCAÇÃO ESPECIAL *Jáima Pinheiro de Oliveira*
EDUCAÇÃO INFANTIL *Lívia Fraga Vieira* e *Mônica Correia Baptista*
FILOSOFIA DA EDUCAÇÃO *Ronai Rocha*
GESTÃO DA EDUCAÇÃO *Iracema Santos do Nascimento*
POLÍTICAS EDUCACIONAIS *Carlos Roberto Cury* e *Zara Figueiredo Tripodi*
PSICOLOGIA EDUCACIONAL *Maria de Fátima C. Gomes* e *Marcelo Ricardo Pereira*

Conselho da coleção
José Sérgio Fonseca de Carvalho – USP
Marlucy Alves Paraíso – UFMG
Rildo Cosson – UFPB

Proibida a reprodução total ou parcial em qualquer mídia
sem a autorização escrita da editora.
Os infratores estão sujeitos às penas da lei.

A Editora não é responsável pelo conteúdo deste livro.
A Autora conhece os fatos narrados, pelos quais é responsável,
assim como se responsabiliza pelos juízos emitidos.

Consulte nosso catálogo completo e últimos lançamentos em **www.editoracontexto.com.br**.

Marlucy Alves Paraíso

Currículos
teorias e políticas

Copyright © 2023 da Autora

Todos os direitos desta edição reservados à
Editora Contexto (Editora Pinsky Ltda.)

Foto de capa
Stephen Andrews em Unsplash

Montagem de capa e diagramação
Gustavo S. Vilas Boas

Coordenação de textos
Luciana Pinsky

Preparação de textos
Lilian Aquino

Revisão
Mariana Carvalho Teixeira

Dados Internacionais de Catalogação na Publicação (CIP)

Paraíso, Marlucy Alves
Currículos : teorias e políticas / Marlucy Alves Paraíso. –
1. ed., 1ª reimpressão. – São Paulo : Contexto, 2025.
160 p. (Coleção Educação na Universidade)

Bibliografia
ISBN 978-65-5541-268-0

1. Pedagogia 2. Educação – Currículos I. Título II. Série

23-2515   CDD 371.3

Angélica Ilacqua – Bibliotecária – CRB-8/7057

Índice para catálogo sistemático:
1. Pedagogia

2025

EDITORA CONTEXTO
Diretor editorial: *Jaime Pinsky*

Rua Dr. José Elias, 520 – Alto da Lapa
05083-030 – São Paulo – SP
PABX: (11) 3832 5838
contato@editoracontexto.com.br
www.editoracontexto.com.br

Sumário

O "coração" da escola...
Um território disputado 7

Etimologia, introdução no campo
pedagógico e sentidos construídos 21

As teorias tradicionais de currículo
e seus usos no Brasil 33

Teorias críticas de currículos 49

Pedagogia Popular e Pedagogia
Sócio-Histórica Crítica 65

Teorias pós-críticas de currículo 75

Pós-colonialismo e relações étnico-raciais 93

Feminismos, relações de gênero
e sexualidade 109

Currículo e o pensamento da diferença 123

A BNCC em questão 133

Conclusão: o vitalício 147

Bibliografia 155

A autora 157

O "coração" da escola... Um território disputado

O currículo – entendido como o conjunto de aprendizagens oportunizadas no ambiente escolar – é *o coração da escola*. É ele que faz a escola pulsar, sonhar, desejar, planejar, discutir, disputar, lutar, fazer alianças, decidir, conquistar, ensinar, possibilitar o aprender. Ele é determinante para a escola se movimentar, acontecer, existir, e é fundamental para a sociedade que se deseja construir. Não há escola sem currículo. É muito difícil construir uma sociedade desejada sem um currículo adequado para essa construção. Por isso, podemos dizer que um currículo é também um projeto de sociedade.

Por ser o coração da escola e representar um projeto de sociedade, o currículo é sempre *um território disputado*. Não há consenso em torno de quais conhecimentos devem ser ensinados, de que sujeito se quer produzir ou formar e nem sobre quais elementos das culturas é preciso preservar e valorizar. Este é sempre um campo de lutas ou um território disputado por conta dos conhecimentos que seleciona e ensina – já que todo e qualquer currículo precisa responder à pergunta "O que ensinar?" –; dos valores que transmite e preserva – já que todo e qualquer currículo transmite valores –; do sujeito que demanda e produz – já que todo currículo tem como objetivo modificar alguma coisa em alguém, e tem, implícita ou explicitamente, um sujeito que deseja formar/produzir –; e por conta das verdades que ajuda a autorizar, produzir e divulgar – já que todo currículo seleciona discursos ou saberes que ensina como verdadeiros.

Mas sendo um projeto de sociedade, no qual depositamos sonhos, esperanças, desejos, paixões, expectativas e a força do nosso trabalho, é claro que o currículo existe não apenas na escola. Afinal, ele é prática e é texto escrito; é política e é prescrição; é ação e formalização; é caminho, percurso já definido e é também invenção que se faz no caminhar e no professorar. É linguagem, texto, discurso. É uma prática de significados. É campo de lutas por representação. É estruturação e é força que escapa às determinações. Pode ser mínimo – na expressão "currículo mínimo" – e pode ser máximo – na expressão "currículo nacional". Também pode ser estadual e municipal. Pode ser *maior* – produzido de modo padronizado por agentes do Estado – e pode ser *menor* – produzido por educadoras, em processos de exterioridade ao Estado, fazendo embates com o *currículo-maior* e sua sede de prescrição, padronização, homogeneização.

O currículo circula, percorre, move-se, atravessa vários espaços, desloca-se, desdobra-se e conecta-se com culturas, com perspectivas variadas, com políticas, com vidas. Ele acontece nas escolas, nas salas de aula, nas políticas educacionais, nas propostas político-pedagógicas, nas faculdades de Educação, na formação docente, na pesquisa educacional, na mídia, no cinema, na cultura, no museu, nas ruas, nos mais diferentes artefatos a que temos acesso no nosso cotidiano. Ele transita!

Ao transitar, circular, movimentar, o currículo diz e é dito. Diz sobre o sujeito que se quer formar ou produzir; sobre o mundo que se quer construir; sobre o passado que foi vivido; sobre o presente que é nosso desafio; sobre o futuro que queremos viver. Ele é dito por muitas pessoas porque faz parte, diretamente, da vida daquelas que com ele se ocupam, daquelas que o perseguem: professoras, gestoras, avaliadoras, pesquisadoras, formuladoras de políticas educacionais etc. Mas ele faz parte também, de diferentes formas, da vida daquelas pessoas com as quais ele se ocupa, daquelas que ele persegue: estudantes, futuras docentes e profissionais das mais diferentes áreas, ativistas sociais e culturais, comunidades, políticos e políticas, famílias etc.

O currículo é formulado, debatido, avaliado, pesquisado, analisado, controlado, desejado e disputado. Daí que podemos dizer que ele é constituído sempre por *relações de poder*, ao mesmo tempo em que exerce poder. Ele forma, produz, avalia, sugere, prescreve, amplia, subjetiva, abre ou limita possibilidades. É por tudo isso, por movimentar tanta gente e tantos interesses, que ele foi colocado e está no centro das lutas políticas e culturais sobre que sociedade queremos construir. Está também no cerne das discussões sobre que conexões queremos estabelecer entre a *educação e a vida*.

Sim, o currículo sempre tratou, trata e tratará da vida. Talvez por isso o acúmulo de nossas vivências e experiências profissionais é descrito em um documento que chamamos de *Curriculum vitae* (Currículo da vida). Contudo, não é do *Curriculum vitae* que trato neste livro. Trato aqui das teorias explicativas do *currículo escolar*, das lutas políticas em torno desse artefato, assim como das diferentes relações que envolvem as decisões sobre o que se ensina e o que se pode aprender na escola. Ao abordar as diferentes teorias explicativas desse artefato e mostrar diferentes sentidos de currículo criados por essas teorias, ficará evidente que ele é eminentemente político e ético; é um artefato cultural disputado; um campo de luta; um território contestado, debatido e almejado.

Apesar do muito que se fala do currículo nas escolas, na política, nas faculdades de Educação, na pesquisa educacional, na mídia, nos materiais didáticos, na formação de professoras e nos movimentos sociais, não existe consenso fácil em torno dele. Daí as diferentes e conflitantes teorias explicativas sobre ele. Daí as diferentes políticas criadas de acordo ou na contramão dessas teorias. Daí as diferentes perspectivas e abordagens para discutir esse artefato e as políticas curriculares, como ficará evidente ao longo deste livro.

Os sentidos de currículo são muitos. Vários deles circulam concomitantemente em diferentes espaços nos quais transitamos, trabalhamos e estudamos. Ele é espaço do ensinar e do aprender por excelência, já que é um artefato com o qual muito se ensina e também se pode aprender. É espaço de ensino de elementos da cultura, de parte dos saberes acumulados, de produção de sentidos sobre o mundo. É uma seleção interessada de elementos da cultura que determinados grupos sociais e culturais querem preservar. É um território de luta por representações e por significados.

Currículo é também documento disputado que sintetiza jogos políticos de poder e alianças provisórias sobre o que ensinar. É aquilo que professoras fazem no cotidiano de sua sala de aula no encontro com estudantes e suas culturas. É um texto étnico e racial que pode colonizar ou efetivar estratégias de descolonização. É uma linguagem que produz sujeitos, constrói identidades ou produz subjetividades. É uma prática que pode reforçar relações de gênero ou implementar estratégias para desfazer essas relações e desarranjar divisões e normalizações que hierarquizam e produzem desigualdades. É artefato cultural que silencia ou que, mesmo sem silenciar totalmente, nega determinadas culturas – ao abordá-las superficialmente, esporadicamente e ao focar seus aspectos menos importantes –, do mesmo modo que reforça, ensina e valoriza outras.

Trata-se de um espaço de produção e circulação de saberes variados, de conhecimentos e de perspectivas diversas. Nisso reside muitas de suas possibilidades e também alguns de seus problemas. Muitos/as que vivenciam um currículo acreditam nos saberes que ali se divulgam. Muitas pessoas esperam bastante desse espaço social; confiam nas possibilidades que ali são construídas e investem nas aprendizagens que são ali oportunizadas. Por isso, podemos dizer que ele é território de possibilidades, de construção de possíveis; espaço de palavras diversas e lugar de experiências.

Com essa variedade de sentidos e dimensões, é evidente que o currículo é também território povoado por buscas de ordenamentos de pessoas e espaços; de organizações de disciplinas, campos e áreas; de sequenciação de conteúdos e níveis de aprendizagens; de estruturações de tempos e pré-requisitos; de enquadramentos de pessoas, de conhecimentos, de saberes e de horários; de divisões de tempo, espaço, áreas, conteúdos, disciplinas, aprendizagens, tipos, espécies... Ele é também espaço de silêncios de determinadas culturas; de relações de poder de diferentes tipos; de diversas tentativas de capturas, de desigualdades, de aborrecimentos e de entristecimentos.

O currículo é tudo isso porque é sempre um texto cultural; um texto vivo e de vidas, que produz sentidos sobre o mundo. Suas narrativas e significados ensinam, formam e produzem sujeitos. Por isso existem diferentes lutas, disputas e embates em torno dele. Essas lutas se dão tanto entre aquelas pessoas que planejam e decidem sobre o currículo quanto entre aquelas que o pesquisam ou ainda entre aquelas que reivindicam, em diferentes movimentos sociais e culturais, por exemplo, que ele possa contar outras histórias, incorporar outros saberes, outras narrativas, produzir outros significados, formular e dar nome a outros problemas e estabelecer outras relações com as vidas.

As pessoas envolvidas nessas lutas e disputas sabem que o currículo é uma prática cultural que possui uma política e uma pedagogia. Uma prática cultural que ensina e forma; que governa condutas e produz sujeitos. Um território *incontrolável*, por mais que diferentes políticas tentem controlá-lo, impondo competências comuns para uma nação, por exemplo.

Provavelmente professoras e estudantes já escutaram que currículo é "uma grade" (com disciplinas e horários); ou "uma lista" de disciplinas e conteúdos; ou "uma seleção" daquilo que deve ser ensinado às novas gerações. É possível que tenham escutado também que currículo é "um percurso": uma prescrição de um caminho a ser seguido na escola. Também podem ter escutado ou lido que currículo é a definição de objetivos educacionais, de habilidades a serem ensinadas e de competências que se deve perseguir no ensino. É possível também que tenha lido e escutado, entre outras definições, que currículo é espaço de luta política. É por carregar todas essas definições, dependendo das teorias ou perspectivas que as subsidiam, que tivemos de conceituar os diferentes termos para nos referirmos às várias dimensões do currículo, tais como: oficial, formal, em ação, oculto, turístico, nulo/vazio, campos de silêncio, diretrizes, maior, menor...

Esses termos e dimensões são importantes para educadoras explorarem as brechas e as possibilidades que o currículo carrega. Afinal, as decisões sobre ele, por mais que existam diferentes políticas elaboradas em espaços bem distantes das escolas, não é tarefa de alguma comunidade eleita. Trata-se de uma aventura aberta que toda docente deve fazer. Por isso a importância de cada docente entender os termos usados na educação para caracterizar essas dimensões do currículo bem como as questões importantes sobre o tema para que possa construir uma atuação docente antenada e comprometida com os dilemas do nosso tempo.

Assim, *currículo oficial* é o conjunto de aprendizagens selecionado, organizado e estruturado oficialmente para ser trabalhado nas diferentes disciplinas, áreas de conhecimentos, anos ou ciclos de um curso ou de uma etapa da escolarização, e que possui o carimbo ou o selo de um governo, seja ele nacional, estadual ou municipal. O atual currículo oficial brasileiro, por exemplo, é a Base Nacional Comum Curricular (BNCC), aprovada pelo Conselho Nacional de Educação (CNE) em dezembro de 2017, para a educação infantil e ensino fundamental, e em dezembro de 2018, para o ensino médio. A BNCC substituiu os Parâmetros Curriculares Nacionais (PCN), que foi o currículo oficial brasileiro no período de 1997 a 2017. Embora a BNCC seja o documento oficial nacional brasileiro contemporâneo, existem outros currículos oficiais em diferentes estados e municípios, exatamente pela tentativa de incorporar nos documentos oficiais as diversidades existentes nas diferentes regiões do Brasil, previstas na Lei de Diretrizes e Bases da Educação Nacional (LDBEN), Lei nº 9394/96.

O currículo oficial é sempre um documento formalizado, seja ele construído de forma democrática, com a participação da comunidade escolar, seja ele elaborado em gabinetes fechados, por alguns especialistas escolhidos por grupos que exercem poder. Além disso, é com base no currículo oficial que são feitas várias outras políticas educacionais que afetam o ensino, tais como: avaliação oficial das estudantes e das instituições, o Programa Nacional de Livros Didáticos (PNLD), a formação inicial e em serviço de professoras etc. Fazendo uma apropriação de conceitos e compreensões da filosofia da diferença, chamo esses *currículos oficiais* também de *currículo-maior*, porque é construído em processos interiores ao Estado – trazendo esse selo – e buscando um ordenamento estruturado e padronizado.

Então o *currículo-maior* é estruturado e busca a generalidade, a recognição, a representação do que já está dado, fixado, reconhecido e autorizado. O currículo-maior é pensado e construído com base em imagens dogmáticas do pensamento, que são conduzidas pelo chamado senso comum – responsável pela distribuição de conceitos e significados autorizados – e pelo bom senso – responsável por apontar o pensamento na direção do que é considerado verdadeiro. O currículo-maior opera de modo a reunir e sintetizar o já criado para normatizar. É propenso a usar diferentes estratégias de seleção, organização e ensino para buscar reproduzir, homogeneizar, controlar e delimitar a experiência educacional.

Já o *currículo formal* trata-se do conjunto de disciplinas, conteúdos e atividades planejadas para serem trabalhadas formalmente em uma escola ou em uma rede de escolas. Ele é definido antes do contato efetivo entre professoras e estudantes, pelo conjunto de conhecimentos que a escola ou a rede de escolas considera imprescindíveis para as estudantes em uma determinada disciplina, em um ano ou em um curso. O currículo formal é comumente elaborado com base no currículo oficial. Leva em consideração, em sua elaboração, as determinações da LDBEN e as Diretrizes Curriculares Nacionais (DCNs) elaboradas pelo Conselho Nacional de Educação (CNE).

Muitas vezes, sobretudo em redes de escolas privadas, o currículo formal é transformado em apostilhas ou até mesmo em livros didáticos, de modo a garantir que a professora realmente trabalhe os conteúdos e as atividades que a escola ou rede determinou. É importante registrar que todo currículo oficial é também um currículo formal, mas nem todo currículo formal é currículo oficial.

O *currículo em ação*, por sua vez, também chamado de *currículo real*, trata-se daquilo que de fato é oportunizado no ambiente escolar. Professoras sempre fazem uma leitura contextualizada dos currículos oficial e formal. É a partir de sua compreensão, de seu entendimento, de como estabelece relação entre os currículos oficial e formal e aquilo que conhece, defende e vive que a professora faz o currículo em ação nas escolas. Além disso, o currículo em ação é constituído por todos os tipos de aprendizagens que as estudantes realizam como consequência de estarem escolarizadas. É o efeito de viver uma experiência em um ambiente, como o escolar, que possibilita o contato com determinados conhecimentos, valores, saberes, relações, comportamentos, experiências. Nele, tem-se acesso não somente a conhecimentos, mas também ao *currículo externo* de cada professora e de cada estudante. Tem-se acesso a encontros com culturas distintas que possibilitam aprendizagens não planejadas no currículo oficial e no formal. Nele, há aprendizagens explícitas e há também aprendizagens ocultas. Mas essas aprendizagens se dão todas na ação de educar ou no ato de ensinar e aprender. É nele que a professora pode perceber a sua dimensão de incontrolável. Afinal, há inúmeras possibilidades quando estudantes, docentes, saberes, culturas variadas, diferentes materiais curriculares, expectativas, desejos, sonhos etc. se encontram no espaço escolar. É nele, portanto, que podemos criar o *currículo-menor* que, por sua vez, vira as costas ao *currículo-maior*.

O *currículo-menor* é construído em processos de exterioridade ao Estado, por docentes que se abrem a experimentar no cotidiano da escola, conectando-se com a alegria afirmativa de educar e com o desejo de aprender de quem não tolera e nem compactua com o intolerável.

O rompimento com a representação por meio da desterritorialização; o entendimento de que tudo nele é político; e a busca de seu valor no coletivo contagiado pelo campo político, manifestando-se como uma comunidade em vias de desagregação, são importantes características de um currículo-menor. Trata-se de uma forma de intervenção nas práticas da educação e da sociedade porque aciona a resistência e faz o irrompimento da *diferença* no currículo. Traz consigo a singularidade, a multiplicidade e o acontecimento, de modo a promover uma desterritorialização do currículo-maior para realizar o processo de criação na educação.

Já o *currículo oculto* é o conjunto de aprendizagens ou efeitos de aprendizagens que se dão como resultado de certos elementos, relações e experiências presentes no ambiente escolar, mas que não são intencionalmente buscados, não estão previstos nas DCNs, nem no currículo oficial ou formal e nem naquele planejado e explicitado pela professora. O currículo oculto é vivido na escola de forma não planejada e nem prevista. É constituído por todas aquelas aprendizagens obtidas no ambiente escolar que contribuem, de forma implícita, para aprendizagens sociais relevantes. Trata-se de saberes, normas, comportamentos, atitudes e valores ensinados implicitamente nas atividades escolares, porém não mencionados pelas docentes, nem pelas estudantes ou não intencionalmente buscados por elas.

O currículo oculto é constituído tanto de práticas e saberes como de mensagens não explicitadas, mas que afetam, positiva ou negativamente, o processo de aprendizagem. Os conhecimentos adquiridos fora da escola, com família, amigos, a mídia, literatura, o cinema, os movimentos sociais, o trabalho ou mesmo no interior da escola, nas brincadeiras dos corredores, na forma de dispor as carteiras, na maneira de se relacionar com professoras e colegas podem se constituir em aprendizagens do currículo oculto. Afinal, trata-se de uma dimensão implícita, não mensurável e informal da prática pedagógica, que faz parte do cotidiano escolar, oportunizando experiências que reforçam o aprendizado sociocultural, na inter-relação docente-estudantes-saberes.

Contrapondo-se ao currículo oculto, o *currículo explícito* representa a dimensão visível, dizível e observável desse artefato. Constitui-se nas aprendizagens intencionalmente buscadas ou deliberadamente promovidas por meio do ensino e explicitadas no processo ensino-aprendizagem. É aquilo que a docente diz que vai ensinar e, de fato, ensina, podendo ser visto, registrado e avaliado. As docentes fazem as avaliações das estudantes com base no currículo explícito ensinado.

O *currículo turístico*, por sua vez, é constituído por elementos das culturas que não exercem poder e que, embora não sejam completamente silenciadas, são trabalhadas apenas em unidades didáticas isoladas ou em dias letivos específicos nas escolas. Ele faz com que saberes referentes aos grupos culturais que não exercem poder promovam uma espécie de turismo na escola, na forma de breves passeios e pequenas lembranças. Comumente, o currículo turístico trabalha essas culturas, que costumam ser negadas na seleção dos conteúdos, de forma desconectada tanto da própria história e luta daquela cultura quanto do restante do currículo escolar. Além disso, muitas vezes são ensinados apenas aspectos banais e sem importância daquelas culturas, e de forma caricaturada e estereotipada.

O *currículo vazio* ou *nulo,* também chamado de *campos de silêncio do currículo*, trata de conhecimentos e saberes ausentes, tanto das propostas curriculares prescritas – currículos oficial e formal – como das práticas das salas de aulas – currículos em ação – que, muitas vezes, abrangem conhecimentos significativos tanto para a compreensão e atuação na sociedade como para o exercício da cidadania. É o silêncio de um tema importante para o nosso presente e para a sociedade que desejamos construir. É a privação de um conhecimento, de um saber, de uma cultura; é um calar imposto de um tema que incomoda; um não problematizar, não explorar e não explicar algo que, por se manifestar nas relações escolares, familiares e sociais, "pede" para ser trabalhado, incluído e explorado. A compreensão dos campos de silêncio ou currículo nulo é fundamental para que a docente possa entender esse território como espaço de afirmação e negação de elementos das diferentes culturas, que produzem efeitos sobre a estudante, tanto em função do que diz quanto daquilo que silencia.

No Brasil existe, ainda, um documento chamado "Diretrizes Curriculares Nacionais" (DCNs). Trata-se de normas e procedimentos obrigatórios para a Educação, discutidas, elaboradas e determinadas pelo Conselho Nacional de Educação (CNE) para orientar o planejamento do currículo da instituição ou da rede de ensino, auxiliando na organização, articulação, desenvolvimento e avaliação de suas propostas pedagógicas. As Diretrizes foram originadas a partir do entendimento de uma determinação da LDBEN, que afirma – no inciso IV do artigo 9º – ser de responsabilidade da União "estabelecer, em colaboração com os Estados, Distrito Federal e os Municípios, competências e diretrizes para a educação infantil, o ensino fundamental e o ensino médio, que nortearão os currículos e os seus conteúdos mínimos, de modo a assegurar a formação básica comum". Importante destacar que as próprias DCNs, em consonância com a LDBEN, determinam a autonomia da escola e da proposta pedagógica e reconhecem a liberdade que as instituições de ensino possuem para elaborarem seus currículos, dentro das áreas de conhecimento exigidas e que estão descritas nas Diretrizes. A escola, portanto, pode trabalhar o conteúdo presente nas DCNs de acordo com o contexto em que está inserida, com o Projeto Político Pedagógico da Escola, com seus desejos e objetivos, sempre levando em consideração o público atendido pela escola, bem como sua localização e outros aspectos que considera relevantes para que todos tenham acesso a uma educação de qualidade. Importante registrar ainda que as DCNs são diferentes de um *currículo oficial* – como é a BNCC, por exemplo. As Diretrizes são orientações, guias, rumos. São linhas que definem e regulam um traçado a seguir. Elas são indicações para se estabelecer um plano, uma ação; as normas de procedimento que as escolas, redes ou secretarias devem seguir ao elaborarem seus currículos. Oferecem metas e objetivos a serem buscados e alcançados nas diferentes etapas da educação básica e em cada curso.

Com todas essas dimensões, é fácil perceber que o currículo se diz de diferentes modos; isto é, existe uma variedade de modos de enunciá-lo e diferentes dimensões dele a serem exploradas. Ao mesmo tempo, cada currículo é único porque se conecta, de modos distintos, com tempos, espaços, saberes, culturas, instituições e pessoas, nos diferentes espaços por onde circula. Trata-se de um espaço habitável e habitado por pessoas de diferentes classes sociais, de diferentes culturas, localidades, idades, gênero, etnias, valores, em que se oferece a possibilidade da palavra e de aprender trocando formas de pensamento muito distintas.

Isso tudo evidencia que está em jogo em um currículo a constituição de modos de vida, a tal ponto que a vida de muitas pessoas depende desse artefato. Quando muitas vidas, para serem "vidas vivíveis", dependem das instituições, nós, educadoras, precisamos olhar com zelo e permanente problematização para elas. Este é o caso do currículo, já que ele pode ser espaço de importância vital para muitas vidas. Afinal, ele é o coração da instituição escolar e território permanente de disputas e contestações.

Por tudo isso, o currículo ganhou um lugar de destaque na própria epistemologia educacional, como mostra este livro. Aqui são apresentadas, portanto, tanto as diferentes teorias de currículo que disputam sentidos sobre esse tema quanto as políticas de currículo no Brasil que priorizam elementos dessas teorias e descartam ou desconsideram outras. Isso faz com que nós, educadoras, necessitemos compreendê-las para também nos posicionarmos nessa longa luta em torno do currículo, espaço em que se efetiva nossos próprios projetos de sociedade.

Quero registrar ainda que neste livro utilizo a desinência indicativa do feminino para me referir a professoras e professores, educadoras e educadores, alunos e alunas, pesquisadores e pesquisadoras, autores e autoras, mestres e mestras, quando a intenção é generalizar, ou seja, para denotar ambos os gêneros, feminino e masculino. Como exceção, só uso o "masculino genérico" quando sintetizo ideias de autores que escreveram usando-o. A justificativa para usar o "feminino genérico" é de ordem política, e busca produzir um estranhamento da linguagem, que costuma ser usada no masculino para generalizar, com o argumento de que a linguagem é neutra. Com todas as problematizações da linguagem feita pela "virada linguística", como será mostrado neste livro, já está evidente que de neutra a linguagem nada tem. Na educação, é importante encontrarmos estratégias para mudar a linguagem sexista que faz parte de todo um sistema de exclusão e silenciamento do feminino. Como veremos ao longo deste livro, o currículo, sendo parte desse sistema, é generificado também pela linguagem que ele autoriza e divulga.

Sugestões de leitura

PARAÍSO, Marlucy Alves. Gênero na formação docente: campo de silêncio no currículo? *Cadernos de Pesquisa*. São Paulo n. 102, nov. 1997, pp. 23-45.

Nesse artigo a autora, que criou a noção de campo de silêncio, explica como um campo de silêncio de um currículo oficial pode aparecer no currículo em ação das escolas na forma de conflitos e disputas. Uma evidência de como os campos de silêncio precisam ser trabalhados em uma educação que se pretenda formar para a cidadania e para uma sociedade comprometida com a justiça social.

SANTOMÉ, Jurjo Torres. As culturas negadas e silenciadas no currículo. In: SILVA, T. T. da (Org.). *Alienígenas na sala de aula*. Petrópolis: Vozes, 1995, pp. 159-177.

Nesse artigo, o pesquisador de currículo e professor da Universidade da Corunha (Espanha) Jurjo Torres Santomé, que criou a noção de currículo turístico e tem trabalhado com multiculturalismo, justiça curricular e currículo integrado, aborda a noção de currículo turístico, que são os modos como as culturas que não exercem poder costumam ser abordadas na escola, e discute os tipos de currículo turísticos mais comuns nas escolas.

Etimologia, introdução no campo pedagógico e sentidos construídos

Nós, educadoras, somos herdeiras de uma longa tradição de educar as novas gerações, ensinar-lhes conhecimentos e saberes, governar suas condutas, discipliná-las e formar seus hábitos e sentimentos para que vivam bem, o melhor possível, no espaço e no tempo que lhes tocou viver. Essa tradição é bem mais antiga do que nós mesmas e, por isso, não podemos negá-la e nem destruí-la. É necessário ocuparmo-nos da tradição para lidar com os dilemas do nosso tempo. Aprender com a tradição para, então, educar as novas gerações, e buscar que vivam bem o presente, proporcionando-lhes os instrumentos, os saberes, a energia e a coragem para que possam construir o futuro que querem ou necessitam ver modificado.

Mesmo quando, para educar as novas gerações, nos opomos à tradição; mesmo quando criticamos os seus equívocos e os seus efeitos negativos; mesmo quando dizemos que, dela, não esperamos nada, ainda é dela que estamos nos ocupando. Mesmo quando nos desdobramos para inventar o novo, para fabricar o que ainda não existe, é dessa tradição que estamos tratando. Estamos filiadas à tradição de educar as novas gerações, mesmo quando criticamos seus dogmas, suas ferramentas, seu *modus operandi,* sua efetividade. Como parte dessa tradição, sabemos que temos toda uma história, com inúmeras mestras, autoras, guias, experiências que nos dão sustentação para seguir, tanto quando valorizamos seus dogmas e prescrições, como quando queremos desconstruí-la para desaprender o aprendido e abrir-nos a outros possíveis que queremos construir.

Quando – nos ocupando dessa tradição da qual fazemos parte – debatemos sobre quais saberes, disciplinas, conteúdos, habilidades, competências, significados, sentidos, conhecimentos, teorias, práticas, experiências, culturas queremos selecionar e ensinar é de **currículo** que estamos tratando. Isso porque no centro do debate sobre os percursos da educação, sobre o jogo que fazemos de herdar e de transmitir, de receber e de entregar, de preservar e mudar, está a decisão sobre que currículo queremos definir para a educação das novas gerações. Ser educadora é ter sempre que escolher o que faremos com o que herdamos, aprendemos e desaprendemos e temos que ensinar, transformar e criar. Atuar como educadora é necessariamente ter que lidar com o currículo, isto é, *com o percurso* que vamos oferecer para nossas alunas, seja para reafirmar o já dado e feito, que nos legaram, seja para desaprender o aprendido, e ser partícipes das forças de transformação e criação na educação.

De fato, não há consenso em torno do currículo, do que ensinar, do que preservar e do que descontruir, interrogar e transformar no processo ensino-aprendizagem. É por isso que afirmamos que ele é um *território disputado, contestado* e também *incontrolável.* Ensinar saberes e conhecimentos, seja para preservar, seja para cultivar ou para transformar, é preocupação de diferentes mestras desde que foram criados espaços e destinados tempos para educar as pessoas. Muitos séculos antes de a palavra *currículo* vir para o campo pedagógico, no século XVII, ele já existia como uma prática de seleção de saberes, em diferentes instituições de ensino, para cultivar o espírito ou aprender a lidar com os desafios de cada tempo. Sabe-se hoje, por exemplo, que na primeira universidade que se tem notícia no mundo, a Universidade Antiga de Taxila, localizada na região do Punjab, atual Paquistão, entre o período de 700 a.C. até 500 d.C., grandes mestres ensinavam cerca de 68 matérias aos estudantes. Isso nos permite dizer que já temos aí – muitos séculos antes de a palavra *currículo* ser usada na educação – a primeira lista de matérias ou disciplinas organizadas para ensinar que se tem notícia. Já existia, na prática, portanto, um currículo, ainda que sem o uso dessa palavra.

O mesmo pode ser dito de outras universidades e inúmeras escolas que existiram em vários lugares e em diferentes tempos, antes mesmo da própria ideia de universidade ou escola ser formulada. Diferentes espaços organizaram saberes para formar as pessoas de sua época. Em todas essas experiências educacionais já existia um conjunto sistemático de saberes ensinados em um determinado espaço e tempo para estudantes, sem que fosse usada a palavra *currículo*.

Além disso, durante a Antiguidade, existiu uma famosa *lista de sete disciplinas*, subdividida por sua vez em outras duas listas, que eram consideradas dignas para serem ensinadas aos homens livres, sendo uma delas dedicada à palavra e a outra à ciência dos números e medidas. Trata-se do *Trivium*, constituído de três disciplinas – Gramática, Retórica e Lógica – e do *Quadrivium*, constituído de outras quatro disciplinas – Aritmética, Geometria, Música e Astronomia. As disciplinas do *Trivium*, em conjunto, eram destinadas ao domínio da palavra, da linguagem, da poesia, da literatura, do latim. Quanto às disciplinas do *Quadrivium* tínhamos: a Aritmética, que era a teoria do número; a Música, a aplicação da teoria dos números; a Geometria, a teoria do espaço; e a Astronomia, a aplicação da teoria do espaço.

Essa lista foi introduzida na educação no século V pelo escritor de língua latina da Antiguidade Marciano Capela – que viveu na província de África romana –, em sua famosa obra *De nuptiis Mercurii et Philologiae* (Sobre o casamento da Filologia e Mercúrio), às vezes chamada também *De Septem Disciplinis* (Sobre as Sete Disciplinas). Esse sistema das sete artes liberais ganhou prestígio e constituiu a base do conhecimento e do ensino em escolas e universidades em várias partes do mundo. O livro foi de grande importância na definição de um padrão de ensino acadêmico e na estruturação de toda a educação europeia desde o Império Romano cristianizado, do século V, passando pela Idade Média, até o fim da Renascença. É basicamente do domínio desses saberes que se tratava a chamada "educação clássica", que ainda hoje possui defensores de seu retorno para formar o que alguns chamam de pessoa culta ou pessoa com espírito cultivado.

Nas universidades da Idade Média, havia a convicção de que, após a alfabetização, para dar qualquer passo adiante na educação, era obrigatório possuir o conhecimento prévio das sete artes, sintetizadas no *Trivium* e *Quadrivium*. Só daí em diante havia sentido em buscar um novo conhecimento técnico. Mesmo que esse conhecimento fosse de atividades como Medicina, Engenharia ou Arquitetura, consideradas muito importantes, ele só podia ser ofertado após o domínio do *Trivium* e do *Quadrivium*. Estes eram os alicerces – do mesmo modo que o latim era considerado a língua – imprescindíveis para que alguém deixasse de ser ignorante e pudesse se tornar uma pessoa de saber respeitável.

Apesar da importância das duas listas de disciplinas, os estudantes precisavam ser aprovados primeiro no *Trivium* – domínio da linguagem – para terem acesso ao *Quadrivium* – domínio dos números. Importante registrar que se hoje dizemos que as sete disciplinas da educação liberal da Idade Média eram o currículo ofertado na educação desse longo período, somente muito mais tarde, quando a palavra *currículo* passou a ser usada no campo pedagógico, no século XVII, foi que passamos a chamar esse sistema constituído pelo *Trivium* e *Quadrivium* de currículo clássico ou *currículo clássico humanista*.

Do mesmo modo, no Brasil, esse currículo clássico, ou pelo menos parte dele, também foi a base do ensino no período do Brasil Colônia, que compreende os anos de 1530 a 1822. Durante os três séculos de colonização portuguesa, a educação foi desenvolvida pelos jesuítas. Embora extremamente restrita a alguns filhos de colonos e a indígenas aldeados, a referência para o ensino centrava-se também nesses princípios da educação liberal da Idade Média constituída pelo *Trivium* e *Quadrivium* associada às determinações do *Ratio Studiorum* – Plano de Estudos da Companhia de Jesus –, o manual pedagógico jesuíta do século XVI. Seguindo as prescrições desse plano, o ensino, nos chamados "cursos inferiores" no Brasil, atribuía grande importância à gramática – considerada indispensável à expressão culta – e à memorização – procedimento considerado importante para a aprendizagem. No *Ratio* constava o ensino da gramática média, da gramática superior, das humanidades, da retórica, da filosofia e da teologia.

Nesse período, no Brasil, havia uma divisão clara de ensino: as aulas para os indígenas ocorriam em escolas improvisadas, construídas pelos próprios indígenas, e centrava-se no ensino da leitura e escrita da língua portuguesa e na catequese. Já as aulas destinadas aos filhos dos colonos homens eram ministradas nos colégios, locais mais estruturados, com investimento da Coroa portuguesa. As mulheres não tinham acesso às aulas, já que eram educadas para a vida doméstica e religiosa. Assim, na educação destinada a uma pequeníssima parte da população, nos chamados "níveis superiores", havia o ensino da literatura, da retórica, da lógica, da filosofia e da teologia, deixando marcas literárias e católicas na formação das elites brasileiras, que comumente completavam seus estudos em Portugal. Contudo, a maior parte da educação nesse período no Brasil centrou-se basicamente no ensino de disciplinas associadas ao *Trivium*: gramática, retórica e lógica, o que implicou uma ênfase profundamente literária e estilizada dos poucos que tinham acesso à educação. Os missionários jesuítas,

Currículos

que faziam parte da Ordem fundada por Inácio de Loyola e que atuaram na conversão dos povos nativos no Brasil e em outros países da América, eram herdeiros da escolástica tardia – que juntava filosofia e teologia, razão e fé no ensino. Esse fato acabou se refletindo na cultura dos colonos brasileiros.

Isso mudou com a expulsão dos jesuítas. O marquês de Pombal, então primeiro-ministro de Portugal, influenciado pelos ideais iluministas, comandou uma remodelação do sistema de ensino brasileiro. Em 1772, com a chamada reforma pombalina, temos os primeiros passos do Brasil para a criação de um ensino público, e a religião foi deixada de lado no ensino. Foi uma tentativa de introduzir matérias mais práticas no dia a dia escolar, mas não se falava ainda em currículo. Assim, se podemos considerar tanto o *Trivium* e o *Quadrivium* quanto o *Ratio Studiorum* espécies de currículos que conduziram o ensino em inúmeras escolas, durante muitos séculos, em diferentes países, inclusive no Brasil, a palavra *currículo* não era usada para se referir a essas disciplinas e planos.

Ela só passou a ser usada na educação no século XVII, na Europa, quando reformadores protestantes adquiriram poder em países daquele continente. A palavra foi registrada pela primeira vez no *Oxford English Dictionary*, significando um curso inteiro seguido pelos estudantes. Esse dicionário localiza a fonte mais antiga de "*curriculum*" (currículo) nos registros pedagógicos do ano 1633 da Universidade de Glasgow – universidade escocesa que também havia sido fortemente influenciada por ideias calvinistas.

O calvinismo é tanto um movimento protestante como um sistema teológico bíblico, e tem base na Reforma Protestante e nas ideias divulgadas por João Calvino. Formou diferentes adeptos que ocuparam lugares de destaque, nos séculos XVI e XVII, em universidades de países como Escócia, Inglaterra, Suíça, França, Alemanha e Holanda. Os calvinistas defendiam a predestinação, que é a crença de que a salvação já está determinada por Deus; a disciplina, como fundamental para

26

Etimologia, introdução no campo pedagógico e sentidos construídos

se conquistar os bens celestes e terrestres; e o lucro oriundo do trabalho, o que fez a burguesia abraçar a religião. Na educação, disseminavam a necessidade de educar as pessoas pobres, sobretudo para que pudessem dominar o latim e fazer a leitura da Bíblia. Há um desejo de disciplinar as pessoas e organizar a sociedade. Considera-se então que para uma educação disciplinada era necessária uma clara prescrição do que se deveria ensinar; um percurso a ser seguido; uma estrutura ordenada. A palavra *currículo* vem para o campo pedagógico no século XVII, portanto, pelos seguidores de João Calvino que desejavam uma sociedade moralizada, disciplinada e organizada.

Currículo deriva do latim *curriculum* e significa "pista ou circuito atlético". A raiz etimológica de *curriculum* é a mesma de *cursus* e *currere*, e traz, portanto, um duplo sentido: a de curso e a de corrida ou percurso. Se inicialmente pode parecer estranho que uma palavra que significa pista ou circuito venha para o campo pedagógico e ganhe o lugar de destaque que tem hoje nele, ao analisarmos o contexto em que é usada na educação e os seus primeiros sentidos e objetivos, fica evidente que essa palavra é primorosa para quem desejava uma organização da educação, uma definição e prescrição do que se deveria ensinar e aprender, assim como uma separação entre quem deveria prosseguir na escolarização de quem não deveria. Servindo a esses interesses, currículo – que significava *pista de corrida, caminho* ou *percurso* – é adotado pelos calvinistas em seus registros, relatórios e planos educacionais. Esses primeiros usos e sentidos de currículo na educação são fundamentais para a palavra se generalizar na educação.

Os registros mais antigos de currículo no campo pedagógico evidenciam, portanto, que ele veio para a educação ligado à ideia de ordem, prescrição, estrutura e sequência. Foi usado com o objetivo de disciplinar, ordenar e estruturar o ensino para determinado controle social. Afinal, nos países com predomínio do calvinismo, onde foram encontradas as primeiras referências à palavra no campo pedagógico, ela era usada para significar percurso, ordenamento, estrutura, sequência ou um curso inteiro, quando se referia ao estudante que completou o *curriculum* de seus estudos.

Existe, portanto, uma conexão entre protestantismo, calvinismo e currículo. A disciplina desejada na escolarização está relacionada com essa conexão. Assim, falar de currículo após a Reforma Protestante é referir-se tanto a estrutura quanto a completude sequencial. Ele, conforme usado nos registros pedagógicos do século XVI e XVII, deveria ter um início, uma sequência e também deveria ser completado. Enquanto a duração, sequência e completude dos cursos medievais tinham sido relativamente abertas à negociação por parte de estudantes ou ao uso por parte do professor, a introdução do currículo na educação trouxe um sentido maior de controle ao ensino e à aprendizagem.

Esses sentidos iniciais foram importantes para o currículo ganhar um lugar definitivo na epistemologia escolar, fazendo dele o artefato para selecionar e organizar o conjunto de conhecimentos, valores e comportamentos que grupos de determinada sociedade consideram necessário serem ensinados às novas gerações. Seu uso generalizado na educação foi se dando aos poucos. Ao prescrever, delimitar, controlar, estabelecer claramente os pontos de saída do ensino e de chegada a ele, sequenciar e diferenciar o currículo tornou-se também objeto de disputa e de cobiça exatamente porque ele representa uma espécie de projeto de sociedade que se deseja construir.

Apesar de currículo ser um campo contestado, com inúmeras definições disputadas; apesar dos inúmeros significados atribuídos a ele, e de não haver qualquer consenso em torno de sua compreensão e conceitualização, esses sentidos iniciais da palavra continuam presentes, até hoje, quando muitas pessoas falam em currículo. Pela função de definir um percurso claro para os estudantes no processo de ensino e encontrar modos de diferenciar quem completou de quem não completou o curso – separando quem aprendeu de quem não aprendeu

Etimologia, introdução no campo pedagógico e sentidos construídos

em "classes", isto é, agrupamentos de estudantes que hoje chamamos de turmas –, currículo foi se firmando na epistemologia educacional como um conceito imprescindível, ao ponto de se tornar o que ele é hoje: um território disputado e contestado, que é também um espaço em que se busca fazer o controle do que deve ser aprendido pelas novas gerações por meio da escolarização.

No Brasil, o primeiro currículo oficial nacional foi formulado em 1855, quando o termo já tinha seu uso generalizado na educação, inclusive aqui no Brasil. Aprovado pelo imperador Pedro II, esse currículo indicava as disciplinas a serem ensinadas no nível *elementar* – que correspondia ao que hoje chamamos de ensino fundamental I – e no então chamado nível *superior* – que correspondia ao que hoje chamamos de ensino fundamental II e ensino médio. As disciplinas do nível elementar eram: leitura, escrita e conteúdos muito básicos de gramática, aritmética, pesos e medidas, além de história sagrada e educação moral. Na primeira parte do nível *superior* – que posteriormente veio a ser chamado de ginásio e ao qual só tinham acesso os aprovados em um exame de admissão –, os conteúdos eram divididos em pelo menos dez disciplinas, que incluíam Francês e Latim. Importante registrar que, nesses primeiros usos no Brasil, currículo oficial significava listas de disciplinas e conteúdos a serem ensinados nas escolas.

Nesse período, o Colégio Pedro II – sediado no Rio de Janeiro desde a sua criação até a atualidade – era referência para o desenvolvimento desse primeiro currículo oficial brasileiro. Esse colégio, que até hoje leva o nome do imperador Pedro II, foi a primeira escola básica nacional, com um curso de 7 a 8 anos para aqueles e aquelas que já dominavam as chamadas "primeiras letras". Era nele que se fazia a aplicação do currículo oficial, e deveria servir de modelo para as outras escolas do país.

Ao longo das primeiras décadas do século XX, essa organização pouco mudou com a chegada da República. As Leis Orgânicas do

Ensino dos anos 1940 fixaram as disciplinas obrigatórias para todos os níveis e modalidades da educação básica. Para o ginásio – que corresponderia ao ensino fundamental II – foram listadas 13 disciplinas. Esse número chegava a 16 disciplinas para o então ensino colegial, hoje chamado ensino médio. Ao governo federal cabia ainda, em colaboração com os estados, traduzir cada disciplina em *Programas Curriculares* específicos, que deveriam ser flexíveis, indicando apenas as diretrizes gerais. Essa colaboração entre União e estados continua sendo motivo de disputas na definição dos currículos oficiais no Brasil. As disciplinas obrigatórias para os currículos brasileiros fixadas pelas Leis Orgânicas do Ensino seguiram em vigência até a aprovação da primeira lei geral da educação brasileira – a Lei de Diretrizes e Bases da Educação (LDB) nº 4024/1.961.

Os primeiros sentidos dados a currículo no campo pedagógico – definir, prescrever e separar quem terminou um percurso de quem não terminou – são usados também no primeiro currículo nacional formulado no Brasil. No caso brasileiro, "currículo" era uma lista de disciplinas para serem trabalhadas nos diferentes níveis do ensino. A ênfase aí era claramente posta no conhecimento a ser ensinado aos que "percorriam a pista" ou aos poucos que tinham acesso à educação escolar. Esse enfoque no conhecimento, que se traduz na resposta à pergunta "o que ensinar?", vai se transformar numa questão crucial do campo de estudos sobre currículo, que surge nos Estados Unidos no início do século XX, quando é preciso definir o que ensinar para as massas que seriam escolarizadas. É isso que será mostrado no próximo capítulo deste livro.

Sugestões de leitura

GOODSON, Ivor. *Currículo*: teoria e história. 10. ed. Petrópolis: Vozes, 2008.
Ivor Goodson, professor e pesquisador da Universidade de Brighton – Inglaterra, discute nesse livro o sentido etimológico do termo *currículo*, as mudanças pedagógicas que o uso do termo introduz na educação e os processos por meio dos quais o currículo foi ganhando lugar importante na epistemologia educacional.

HAMILTON, David. Sobre as origens dos termos classe e curriculum. *Revista Iberoamericana de Educación*, n. 1 - Estado y Educación Enero, abr. 1993.

David Hamilton, professor na Universidade de Umea – Suécia, mostra neste artigo as origens dos termos *currículo* e *classe*; sua aparição pela primeira vez em dicionário, seus primeiros significados e o contexto em que ele é introduzido no campo pedagógico.

WEHLING, Arno; WEHLING, Maria José. *A formação do Brasil Colonial*. Rio de Janeiro: Nova Fronteira, 1994.

O livro traz informações importantes para a compreensão de como se deu a constituição dos currículos no período colonial da educação brasileira. Chama a atenção a constituição de uma educação dual e de currículos que juntavam, de modo diferente para os diferentes públicos, elementos do currículo clássico humanista com elementos do *Ratio Studiorum* – Plano de Estudos da Companhia de Jesus.

STAHL William Harris; JHONSON, R. *Martianus Capella and the Seven Liberal Arts*. New York: Columbia University Press, 1971.

Esse é um livro clássico para o entendimento das Sete Disciplinas que constituem o *Trivium* e o *Quadrivium*. Além disso esse e vários outros livros que tratam do *Trivium* e do *Quadrivium* têm sido recuperados, recentemente, por muitos defensores da educação domiciliar ou *homeschooling*. No currículo da *homeschooling* há, muitas vezes, um resgate das sete disciplinas ou de boa parte delas. Por isso trata-se de leitura importante para conhecer mais sobre esse tema.

As teorias tradicionais de currículo e seus usos no Brasil

O campo de estudos sobre currículo surge nos Estados Unidos, entre o final do século XIX e o início do século XX, em um contexto de intenso processo de industrialização, sua consequente urbanização e massificação da escolarização. Se o termo tinha vindo para o campo pedagógico no século XVII, não existia, até o século XX, um campo acadêmico especializado de estudos para discutir, debater, pesquisar e teorizar sobre as questões curriculares. Durante muito tempo, o modelo curricular praticado em muitos países continuava se inspirando em maior ou menor grau no currículo clássico humanista, herdeiro das artes liberais que veio da Antiguidade Clássica e sobreviveu por muitos séculos. Mas somente as classes dominantes tinham acesso a ele. Houve também o *Ratio Studiorum* – Plano e Organização de Estudos da Companhia de Jesus –, promulgado em 1599, cujo objetivo era instruir rapidamente todo jesuíta docente sobre as obrigações do seu cargo e unificar o procedimento pedagógico diante da explosão da expansão missionária jesuíta. Embora esses currículos escritos tivessem implicitamente uma teoria, o currículo era entendido como "um plano de estudo", e não existia um campo para problematizá-lo, teorizar sobre ele, explicitar e discutir suas escolhas.

Nem mesmo a célebre obra *Didática Magna* ou *Tratado da arte universal de ensinar tudo a todos*, do tcheco João Amós Comenius, publicada em 1649 – com todo o seu esforço em combater o sistema medieval, defender o ensino de "tudo para todos", centrado no aprender fazendo –, foi suficiente para a criação de um campo de estudos sobre currículo antes do século XIX. Contudo, essa obra influenciou sobremaneira a pedagogia moderna e foi determinante para que as questões de currículo em vários países da Europa ficassem subsumidas durante muito tempo ao campo da didática. Ela foi fundamental para a pedagogia tradicional, que é uma proposta de educação centrada no professor, cuja função se define como a de vigiar e aconselhar os alunos, corrigir e ensinar a matéria. A metodologia de tal concepção se baseia na exposição oral dos conteúdos numa sequência determinada e fixa, independente do contexto escolar. Valoriza exercícios repetidos para garantir a memorização dos conteúdos. A função primordial da escola nesse modelo é transmitir conhecimentos para uma formação geral. Os conteúdos são conhecimentos acumulados passados como verdades absolutas. A escola não busca fazer qualquer relação entre os conteúdos e os problemas sociais. O professor, por sua vez, é visto como autoridade máxima, um organizador dos conteúdos e das estratégias de ensino e, portanto, o guia exclusivo do processo educativo.

Esse currículo, ofertado sobretudo às classes dominantes, não era teorizado ou discutido até o final do século XIX, ou seja, até quando houve interesse na escolarização das massas e a criação do campo curricular. O campo de estudos acadêmicos sobre currículo surge nos Estados Unidos com um interesse em atrelar estreitamente a escolarização das massas às predileções econômicas das indústrias. A primeira abordagem do tema foi denominada *teoria tradicional tecnicista de currículo*. Isso porque há nesses estudos iniciais o objetivo de controlar o conhecimento ao qual as massas teriam acesso na escola ao mesmo tempo em que se fazia o controle social da população, em um contexto de crescimento rápido das cidades.

A industrialização acelerada, a transformação de determinados espaços geográficos a partir da construção de indústrias e de empresas direta e indiretamente ligadas a essas indústrias, as profundas alterações socioespaciais, a aceleração do êxodo rural e da urbanização, a mudança drástica da maneira de exploração e da utilização dos recursos naturais e o encontro de diferentes culturas nas cidades, somados a esse novo contingente de pessoas que passaram a habitá-las, demandavam que trabalhadores e seus filhos, vindos do meio rural para trabalhar nas indústrias, fossem escolarizados. Além disso, os problemas urbanos aumentavam conforme aumentava a população. Os grupos que exerciam poder econômico, social e cultural consideravam que algo tinha que ser feito sobre o crescimento rápido do número de crianças e jovens considerados diferentes, que, eles diziam, precisavam ser adaptados à cultura urbana, branca, protestante e da classe dominante que se queria preservar.

Nesse período, são usados nas indústrias dois modos de organização da produção industrial: o taylorismo e o fordismo. Posteriormente, foi usado também o toyotismo. Apesar das diferenças entre esses modos de organização da produção industrial – quanto ao processo de produção, ao ritmo e organização do trabalho e ao papel dos trabalhadores –, o objetivo final era o mesmo: fabricar em grande quantidade ao menor custo possível. Essa ideia inspira os primeiros teóricos de currículo, quando iniciam o debate sobre o novo campo. Questionava-se, então, como escolarizar grande quantidade de trabalhadores e seus filhos ao menor custo possível, de forma a não ensinar às massas conhecimentos considerados, pelos grupos que exerciam poder econômico, político e cultural, desnecessários e supérfluos, bem como reduzindo ao máximo o tempo de aprendizagem.

Perguntava-se "o que ensinar" para essas massas que passavam a ter acesso à escolarização. Afinal, o currículo é sempre resultado de uma escolha, já que, de um universo amplo de conhecimentos, saberes e culturas existentes, faz-se uma seleção daquilo que será ensinado para as novas gerações. Foi nesse contexto – e preocupado em responder à pergunta sobre como deve se dar a escolarização das massas –, portanto, que o campo especializado do currículo surgiu nos Estados Unidos no período entre o final do século XIX e o início do século XX. Houve articulação de especialistas e dedicação por parte de pessoas ligadas à administração escolar para racionalizar o processo de construção, desenvolvimento e avaliação de currículos.

A *teoria da administração científica* criada pelo americano Frederick Winslow Taylor – conhecida como taylorismo – defendia a administração do tempo nas fábricas, o planejamento e a divisão do trabalho, bem como a separação entre as funções de execução e planejamento de tarefas. Como essa teoria tinha como objetivo principal racionalizar o trabalho e os gastos para aumentar a produtividade, ela foi rapidamente aplicada às escolas. Esses elementos, portanto, subsidiarão as primeiras discussões da teoria tradicional tecnicista de currículo. Afinal, os teóricos podiam dizer às professoras o que ensinar para alcançar a eficiência no ensino, como se fossem trabalhadoras manuais. Professoras deveriam desenvolver currículos pensados, definidos e planejados por outras pessoas ligadas à administração da educação.

As ideias desse grupo encontraram sua máxima expressão no livro *The Curriculum* (*O currículo*), escrito por John Franklin Bobbitt em 1918 – considerado o primeiro livro do tema. A concepção de currículo elaborada por Bobbitt como sendo uma especificação precisa de objetivos, procedimentos e métodos para a obtenção de resultados que pudessem ser medidos, é adequada para os interesses dos grupos ligados à administração da educação. Bobbitt associava as disciplinas curriculares a uma questão puramente mecânica e defendia a importância de planejar e organizar cientificamente as atividades pedagógicas para melhor controlá-las. Defendeu, assim, uma concepção fabril de aprendizagem e um sistema racional de resultados educacionais, produzidos e medidos com rigor, no qual os envolvidos no processo de ensino-aprendizagem pudessem ser monitorados.

O autor defendia que o comportamento e o pensamento de estudantes fossem controlados de modo a não permitir que se desviassem das propostas de adaptação, aculturação e eficiência para o trabalho, consideradas fundamentais para o contexto norte-americano do período. Essa é uma evidência de que um currículo é também um projeto de sociedade. O modelo clássico humanista de currículo era considerado, por Bobbitt, obsoleto para os propósitos da vida moderna e para as atividades laborais, assim como o latim e o grego se apresentavam como supostamente inúteis para a preparação para o trabalho. Toda a discussão feita por Bobbitt estava claramente voltada para a economia, e ele defendia que o sistema educacional deveria ser tão eficiente como qualquer indústria ou empresa econômica. Considerava perfeitamente possível transferir para a escola o modelo de organização da indústria proposto por Taylor, já que, em sua visão, a escola necessitava de metas, padronização e imposição de um ritmo que pudesse ser medido.

Durante muitos anos, as discussões no campo foram conceitualmente atreladas ao sistema econômico. Criou-se, assim, uma noção de currículo atrelada à definição de metas e objetivos a serem desenvolvidos pelas professoras e que pudessem ser controlados e medidos, com o objetivo de garantir a eficiência do ensino. Uma concepção particular sobre o tema passou, efetivamente, a ser considerada "o currículo" para um número considerável de escolas, professoras, estudantes, administradoras e especialistas da educação. Essa concepção direcionou os rumos das primeiras discussões teóricas sobre o tema, e ainda hoje está presente nos debates educacionais a cada vez que se define currículo para uma nação ou quando as escolas discutem seus currículos.

Essas primeiras teorias são chamadas de "tradicionais tecnicistas" porque estão preocupadas com as questões técnicas do ensino. Pretendem ser teorias científicas, neutras, desinteressadas. Aceitam facilmente o *status quo* ou estado de coisas vigente; aceitam os conhecimentos dominantes, e acabam por se concentrar em questões técnicas. Em geral, consideram a questão "o que ensinar?" como possuindo uma resposta óbvia, já que são completamente articuladas aos interesses econômicos. Definem que na escolarização das massas devem-se ensinar os conhecimentos necessários para a atuação profissional na vida adulta.

Consideram a atividade curricular, portanto, uma questão técnica, por isso buscam responder a questões relacionadas ao "como".

As perguntas que interessam a essas teorias tradicionais tecnicistas são: como ensinar eficientemente os conhecimentos úteis para a atuação profissional? Como definir e atingir as metas no ensino? Como não desperdiçar tempo e recursos na educação? Como preparar crianças e jovens para o mercado de trabalho? Como medir com precisão se as metas e os objetivos foram alcançados? O campo curricular, nessa perspectiva, portanto, deve se concentrar em formular subsídios para definir qual é a melhor forma de transmitir esse conhecimento, como desenvolver adequadamente o currículo útil e como organizar um currículo que possa ser desenvolvido e medido com eficiência.

Cabe registrar, no entanto, que o campo do currículo nunca foi monolítico, nem mesmo nesse período de sua criação. Apesar do livro de Bobbitt ser considerado o primeiro livro e o marco do novo campo de estudos acadêmicos, John Dewey, filósofo pragmatista estadunidense, já havia publicado, em 1902, 16 anos antes, portanto, uma obra com "currículo" no título – *A criança e o currículo*. A discussão feita pelo filósofo sobre currículo vai em uma direção bem diferente e, portanto, não coadunava com os interesses econômicos e industriais norte-americanos do período. Talvez isso explique o fato de que as ideias de Dewey tenham sido preteridas nas primeiras discussões acadêmicas de currículo tanto nas universidades como nos espaços de administração da educação.

John Dewey estava mais preocupado com a democracia do que com a economia, e a escola poderia ser um instrumento para se praticar a democracia. Entendia que o progresso é vital para o próprio aperfeiçoamento da condição humana, daí sua teoria ser denominada de *progressivista*. O progresso, para Dewey, está vinculado ao avanço científico, tecnológico, econômico e comunitário. Por isso, a escolarização das crianças e dos jovens é considerada de grande importância para o progresso social. Dewey era um pragmatista e considerava a prática o mais importante, já que nela as verdades podem mudar porque dependem das experiências vividas por cada indivíduo. Nesse sentido, o currículo para Dewey é composto pelo processo reflexivo e pelo conteúdo; mas o conteúdo não pode ser fixo e nem ter um fim em si mesmo.

No livro *A criança e o currículo*, Dewey analisou as experiências vivenciadas por crianças sob a orientação da escola, e sugeriu a construção de currículos que levassem em conta os interesses das crianças e que valorizassem as suas motivações. Isso resultaria no que ele chamou de "experiências significativas". Estava preocupado com a discrepância existente entre a escola, o currículo e a vida da criança. Considerava que escola e os conhecimentos, da maneira como estavam organizados, impossibilitavam o caráter operante do conhecimento e o pensamento reflexivo das crianças. Acreditava que a escola teria o poder de melhorar a sociedade, e cada criança individualmente contribuiria para o progresso social desejado. Exatamente por essa redução das questões sociais a questões individuais, central nessa visão liberal adotada por Dewey, sua discussão, e a do grupo associado à sua perspectiva, foi chamada no campo do currículo de *teoria tradicional progressivista*.

John Dewey defendeu que o foco do currículo fosse a experiência direta da criança como forma de superar a distância que há entre os seus interesses e a escola; embora ele também considerasse importante o domínio do conhecimento sistematizado. Mesmo entendendo que a educação científica era de grande importância para assegurar aos humanos a melhoria da espécie e, portanto, deveria substituir a educação literária, Dewey lembrava que o mundo é cheio de dúvidas e incertezas. Portanto, numa escola democrática não pode haver respostas prontas. Deve haver hipóteses para as crianças experimentarem. O método científico era considerado por Dewey um instrumento para eliminar confusões e construir a sociedade livre em conjunto por seus membros.

Além disso, Dewey considerava um equívoco pensar que na escola aprende-se apenas a coisa particular que se está ensinando, como ao controlar o que se ensina fosse possível controlar o que se aprende. Para o filósofo, as aprendizagens que se dão de modo colateral, tais como gestos, atitudes, gostos, desgostos, o desejo de aprender etc., são muitas vezes mais importantes que o conteúdo propriamente trabalhado pela professora. Por isso a interação entre professoras e estudantes. A sua participação na escolha do que irá aprender é fundamental para conquistar a aprendizagem ativa e a experiência significativa.

Na perspectiva de Dewey, então, a escola não deve adequar os alunos à sociedade, mas ajudá-los a encontrar os caminhos para as mudanças necessárias. Isso porque, para o autor, o valor dos conhecimentos sistematizados num "plano de estudos" está na possibilidade, que dá ao professor, de determinar o ambiente necessário à criança e, assim, dirigir indiretamente a sua atividade. Trata-se, na perspectiva de Dewey, de uma educação em que os alunos também são ativos e experimentam as vivências democráticas, já que considera que a escola socializa o indivíduo através de grupos de coletividade. A teoria de Dewey assume um compromisso com o crescimento individual da criança e também com o progresso social. Para o autor, o professor deve envolver-se não apenas no treinamento das crianças, mas também na construção de uma vida social apropriada; transformando a escola em uma comunidade em miniatura, em que a reflexão é o método fundamental de uma experiência educativa.

Tanto Bobbitt como Dewey se contrapunham ao currículo herdeiro tanto do humanismo clássico quanto do currículo que se podia deduzir da *Didática Magna* de Comenius. Mas era apenas isso que esses dois autores possuíam em comum. Os dois consideram esse currículo clássico ultrapassado. Bobbitt criticava a pouca utilidade dele para os interesses econômicos e sociais dos Estados Unidos daquele período. Dewey criticava sua abstração e desconexão da vida e dos interesses das crianças e jovens do século XX.

Apesar da importância que a obra de John Dewey teve em diferentes países – influenciando teóricos da educação em países da Europa e da América Latina, com sua pedagogia ativa –, foi a compreensão de currículo de Franklin Bobbitt – e todo um grupo vinculado ao que hoje chamamos de teorias tradicionais tecnicistas de currículo, tais como: Charles Peters, Walter Smith, Ross Finney, entre outros – que se difundiu e conquistou espaço nos primeiros estudos sobre currículo. Isso porque Bobbitt e outros especialistas buscaram usar o currículo para adaptar os estudantes à nova ordem industrial e urbana que se estabeleceu nos Estados Unidos naquele período. A escola deveria funcionar com metas, como qualquer indústria, e o currículo, por sua vez, deveria definir que resultados pretendia obter, qual método deveria ser usado e quais as formas para medir com precisão se os resultados definidos foram atingidos.

O campo de estudo especializado em currículo nasce, portanto, com uma discussão centrada em metas educacionais, eficiência, racionalização de gastos e tempo, instrução e controle social. Trata-se de toda uma discussão teórica para racionalizar o processo de elaboração, desenvolvimento e testagem de currículos. A dimensão técnica do currículo era tão presente nas primeiras teorizações do campo que acabou atrelando as discussões do tema à instrução. Muitos departamentos de currículo nas universidades norte-americanas, inclusive, receberam nesse período o nome de Departamento de Currículo e Instrução.

Além disso, no novo campo, especialistas buscavam usar o currículo para adaptar os indivíduos à ordem industrial e urbana com o claro objetivo de fazer o controle social pela escolarização. O papel do especialista no tema ficou definido nos Estados Unidos por muitas décadas como sendo o de levantar as habilidades necessárias para a atuação no trabalho na vida adulta, planejar e organizar currículos para que essas habilidades fossem desenvolvidas e elaborar os instrumentos para medir com precisão se elas foram mesmo adquiridas pelas estudantes.

Essa abordagem tradicional tecnicista, que tinha como seu principal representante Franklin Bobbitt, direcionou os estudos iniciais de currículo e conseguiu determinar o rumo das discussões sobre o tema nos Estados Unidos por longas décadas. Ela foi consolidada por Ralph Tyler, que ampliou ainda mais sua influência quando, em 1949, publicou o livro *Princípios básicos de currículo*. Ralph Tyler apresenta em seu livro a sequência e os procedimentos para o planejamento, a organização e a avaliação dos currículos, e suas ideias dominaram as discussões sobre o tema nos Estados Unidos até o final dos anos 1970. Esse livro influenciou também as discussões curriculares em vários países, inclusive no Brasil, como mostrarei mais à frente.

Tyler discute no livro como deve se dar a organização curricular e defende como imprescindíveis para o bom desenvolvimento do currículo: 1) a formulação clara dos objetivos que a escola deve atingir; 2) a definição das experiências educacionais que devem ser oferecidas para alcançar esses objetivos; 3) a organização eficiente dessas experiências educacionais que a escola deve ofertar; e 4) a avaliação minuciosa para medir se realmente esses objetivos foram alcançados. Considera a definição dos objetivos a tarefa central de um especialista em currículo. Eles devem ser claramente definidos em termos de comportamentos que se deseja alcançar. Só com uma especificação clara e precisa dos objetivos é possível, para Tyler, definir quais experiências devem ser ofertadas, qual a melhor forma de organizá-las e, também, medir se essas experiências foram aprendidas. Por isso, Tyler dedica parte importante do seu livro para discutir esses objetivos, apresentando, assim, quais devem ser as fontes para a sua definição.

Para Tyler, os objetivos curriculares devem ser provenientes de três fontes: 1) dos estudos sobre os estudantes; 2) dos estudos sobre a sociedade e a vida fora da escola; e 3) das sugestões oferecidas pelos especialistas das diferentes disciplinas. As informações obtidas dessas três fontes devem passar pelos crivos da Psicologia e da Filosofia. Essas fontes são consideradas imparciais, e os valores que subjazem essa seleção são aqueles, supostamente, consensuais da sociedade. Portanto, para Tyler, o currículo deve explicitar os objetivos que a escola precisa alcançar, definir as experiências que contribuem para alcançá-los e indicar a forma eficaz de organizar essas experiências.

Embora dê continuidade a uma discussão técnica feita por Bobbitt, Tyler critica a excessiva ênfase dos educadores a valores empresariais e industriais, em um esforço para afastar-se do tecnicismo do antecessor. Ele acrescenta em sua teoria de currículos alguns elementos discutidos pela perspectiva tradicional progressivista de John Dewey, tornando sua discussão mais humanista do que aquela feita por Bobbitt. Assim, a preocupação de Tyler com os estudos sobre os estudantes, que são apresentados como uma das fontes para a seleção dos objetivos curriculares, está claramente vinculada à discussão feita por Dewey sobre os interesses e as necessidades dos alunos. A discussão que Tyler faz sobre a vida contemporânea fora da escola, sobre a importância do desenvolvimento de atitudes sociais na escola, por sua vez, pode ser associada tanto à discussão de Bobbitt sobre a importância de mapear as habilidades necessárias para a atuação profissional na vida adulta como à discussão feita por Dewey sobre o poder que a escola possui para melhorar a sociedade ou na sua crença no poder do intelecto para a solução de problemas sociais.

Já em relação à terceira fonte para elaboração dos objetivos curriculares, que se constitui nas sugestões dos especialistas das diferentes disciplinas, Tyler se diferencia, de certo modo, tanto de Dewey como de Bobbitt. Importante registrar que ter especialistas das diferentes disciplinas como fonte para a definição de currículos passa a ser uma prática bastante recorrente em várias partes do mundo quando se define, elabora, organiza e avalia currículos.

Em síntese, as discussões sobre currículo feitas por Tyler incluem elementos tanto da perspectiva tecnicista de Bobbitt quanto da perspectiva progressivista de Dewey. Ele combina desenvolvimento individual, competência social democrática e mudança social, que correspondem à tendência progressivista da teorização curricular, com questões retiradas do tecnicismo de Bobbitt, tais como a centralidade nas metas e objetivos, o desempenho competente e a definição de currículos para a manutenção da sociedade existente. Os trabalhos dos três autores, juntos, constituíram as bases das teorias tradicionais de currículo: Bobbitt mais tecnicista; Dewey progressivista e Tyler objetivista. Suas obras constituíram as teorias tradicionais de currículo porque os fins sociais e políticos de suas teorias não se relacionam com qualquer compromisso com a criação de uma sociedade diferente da capitalista. Ainda que Dewey e Tyler falem em "sociedade capitalista democrática", essa sociedade não é problematizada; ela é desejada. Nenhum deles discutiu as injustiças e desigualdades da sociedade capitalista. O currículo que defendem aceita sem questionamentos essa sociedade. Por fim, nenhum deles problematizou as relações de poder presentes na definição do próprio currículo ou na construção dos conhecimentos, e é por tudo isso que suas teorias são chamadas de teorias tradicionais de currículo.

Essas teorias subsidiaram a seleção de objetivos e estratégias de aprendizagem, a organização e o desenvolvimento curricular, ressaltando a sua suposta objetividade, até o início dos anos 1970 nos Estados Unidos, quando um grupo de teóricos do campo iniciou um processo de reconceitualização do currículo. Esse Movimento de Reconceitualização forçou o campo a introduzir outros conceitos – agora oriundos sobretudo da Sociologia, mas também da Filosofia – para pensar currículos de outro modo. Esse grupo de especialistas, com uma abordagem sociológica do currículo, será de grande importância para o desenvolvimento das teorias críticas de currículo, como mostrarei no próximo capítulo.

Antes disso, no entanto, é importante dizer da influência que essas teorias tiveram no desenvolvimento do campo do currículo no Brasil. Tanto ideias tecnicistas como as progressivistas estiveram presentes nos primeiros estudos curriculares brasileiros. John Dewey influenciou sobremaneira o movimento dos pioneiros da Escola Nova, que ganhou força no Brasil a partir da década de 1920, numa busca para superar tanto as limitações da pedagogia jesuítica como a pedagogia enciclopédica de influência francesa, que existiam na educação brasileira. A primeira pela influência dos jesuítas portugueses e a segunda sobretudo por influência do Colégio Pedro II, que era a escola modelo, a referência nacional, e importava currículos dos colégios franceses. O tecnicismo de Ralph Tyler, por sua vez, passou a prevalecer na discussão curricular brasileira após o golpe militar de 1964.

O *movimento escolanovista* no Brasil defendia que a educação é o mais importante elemento para a construção de uma sociedade fundada em ideais democráticos e justos. Por isso, considerava indispensável na educação a centralidade nas necessidades das crianças, a atenção à individualidade e a valorização das experiências pessoais de cada aluna no processo de aprendizagem. A preparação dos alunos para viver em um mundo dinâmico e em constante transformação, a integração de todos os aspectos humanos e a oferta de ampla educação democrática, gratuita e laica também foi muito defendida pelo movimento da Escola Nova no Brasil.

Em seu início, a discussão propriamente curricular no Brasil tinha elementos tecnicistas, mas era predominantemente progressivista, exatamente pela contribuição dos pioneiros da Escola Nova para a emergência do campo. Na primeira década do século XX no Brasil, 85% da população era analfabeta. Esse índice produziu um grande assombro, inclusive na elite brasileira, que considerou isso uma explicação para a pobreza enorme do país. As primeiras campanhas para alfabetizar as massas se dão nesse período. Nos anos 1920, a incipiente industrialização, a urbanização e o recebimento de imigrantes estrangeiros produziram um contexto de tensões e conflitos no Brasil, o que demandava mudanças na educação. Foi nesse contexto que as ideias progressivistas encontraram um solo fértil para serem disseminadas.

Diferentes reformas educacionais foram então promovidas por aqueles que viriam a ser os pioneiros da Escola Nova em diferentes estados brasileiros, como Bahia, Minas Gerais e também no Distrito Federal. Anísio Teixeira, em 1924, era um jovem bacharel em Direito, de 24 anos, formado pela Faculdade de Direito do Rio de Janeiro e nomeado Inspetor Geral do Ensino da Bahia. Ele foi o responsável pela reorganização da instrução pública baiana. Essa reforma é considerada o primeiro esforço para introduzir elementos que iriam mais tarde caracterizar a abordagem escolanovista de currículo e do ensino. O currículo por ele organizado, mesmo centrado em disciplinas, defendia a harmonia com os interesses e as necessidades das crianças e, por isso, prescrevia atividades de ensino e de avaliação para professores com essa finalidade. Após seu trabalho na Bahia, Anísio Teixeira foi estudar com John Dewey na Universidade de Colúmbia, nos Estados Unidos, e, quando retornou, aplicou e divulgou no Brasil as ideias progressivistas norte-americanas.

Em Minas Gerais, Francisco Campos e Mário Casassanta organizaram uma reforma do ensino elementar e do ensino "normal" com princípios claros do progressivismo e da Escola Nova. A escola elementar é considerada um instrumento importante para a reconstrução social. Há ênfase dos trabalhos em grupo em sala de aula, na cooperação entre docente e estudante, na conexão do currículo com a vida das estudantes e no processo ativo do ensino e da aprendizagem. Currículo, no texto da reforma, é concebido como uma prática que deve desenvolver as habilidades de observar, pensar, julgar, criar, decidir e agir.

No Distrito Federal, a reforma foi realizada por Fernando de Azevedo, em 1927, também com inspiração em ideias progressivistas. Ele acreditava na reconstrução da sociedade por meio da educação, onde se destacava a função social da escola. A educação deveria ser pública, leiga, integral, igual para todos, organizada em regime de vida e trabalho em comum, própria para desenvolver a consciência social de igualdade, solidariedade e cooperação; assim como a consciência econômica do trabalho produtivo. Em sua reforma, colocou ênfase na importância da interação entre a sociedade e a escola e na função social da educação. Defendeu o contato estreito da escola com a comunidade, de modo a integrar os estudantes no meio social em que viviam com o objetivo de melhorá-lo.

Após essas reformas, foi publicado, em 1932, o "Manifesto dos Pioneiros da Educação", que incluiu os conceitos da Escola Nova com adaptações ao contexto social do Brasil na época. Fernando de Azevedo, Anísio Teixeira, Afrânio Peixoto, Roquette Pinto, Hermes Lima, Paschoal Leme, Lourenço Filho e três mulheres – a saber: Cecília Meireles, Noemy Marques Rudolfer e Armanda Álvaro Alberto – foram importantes educadoras e educadores que assinaram o manifesto, reivindicando a criação de um sistema de ensino mais adequado às necessidades brasileiras. Um sistema que pudesse ser considerado um modelo educacional mais democrático. Além disso, no manifesto, pediam que a escola pública oferecida no país fosse garantida a toda a população, centrada na diminuição das diferenças sociais e na valorização das aptidões percebidas em cada aluno.

O livro de Anísio Teixeira, *Pequena introdução à filosofia da educação: a escola progressiva ou a transformação da escola,* publicado em 1934, sistematiza suas ideias escolanovistas sobre currículo. Nele, o autor fala de um currículo centrado na criança, e o define como um conjunto de atividades planejadas para as crianças se engajarem na escola. Os métodos de ensino tradicionais são considerados sem eficácia para a realidade social do momento, além de não garantirem a preparação dos alunos para serem cidadãos adaptados ao convívio social. Por isso, Teixeira considerava importante a reforma do método de ensino tradicional do país e defendia que o currículo se centrasse em atividades, projetos e problemas extraídos das atividades naturais da vida humana.

As ideias escolanovistas foram dominantes no Brasil no período de 1920 a 1960 e são consideradas as primeiras discussões teóricas sobre currículo no Brasil. Afinal, mesmo sem propor procedimentos para o planejamento curricular, as três reformas e as ideias divulgadas pelos pioneiros ofereciam diretrizes para a prática curricular. As reformas e as ideias defendidas e divulgadas pelos pioneiros trouxeram, então, elementos para as primeiras discussões teóricas sobre o tema no Brasil, já que foram uma tentativa de adaptar ideias e teorias progressivistas no contexto brasileiro.

Em toda a década de 1960, o campo do currículo no Brasil abrigou discussões de tendências diversas, tais como as progressivistas e as tecnicistas, e inclusive as primeiras ideias divulgadas por Paulo Freire, que, já em 1967 – no seu livro *A educação como prática da liberdade* –, defendia uma educação que buscasse conscientizar os oprimidos e capacitá-los a refletir criticamente sobre seu destino, suas responsabilidades e seu papel para vencer as injustiças sociais. Temos na obra de Paulo Freire o primeiro esforço de enfocar conhecimento na perspectiva da emancipação, o que será central nas teorias críticas de currículo no Brasil, como mostrarei mais adiante.

Com o golpe militar ocorrido em 1964, com a derrubada do presidente João Goulart e o aumento da influência norte-americana no Brasil, esse enfoque crítico inicial desapareceu, para só retornar décadas depois, nos anos 1980, após a abertura política e o fim da ditadura militar. O tecnicismo tornou-se dominante nas discussões sobre currículo e na própria formação de professoras. A supervalorização da técnica, do como fazer, dos procedimentos e o enfoque na instrução são evidentes nas discussões curriculares. Isso se consolida nos anos 1970, e o modelo tecnicista-objetivista de Tyler passa a dominar as discussões sobre o tema no Brasil. Os enfoques na definição dos objetivos, nos planejamentos e nos modelos de organização do currículo são predominantes nas discussões do campo em toda a década de 1970.

A Lei de Diretrizes e Bases da Educação Nacional, promulgada em 1971 – Lei nº 5.692/71 –, reforça esse enfoque tecnicista do campo curricular no Brasil. Há também, no período, discussão sobre a legislação educacional e suas determinações para os currículos. A preocupação com o conhecimento restringe-se à organização, e fica subsumida às discussões sobre formulação de objetivos, métodos de ensino e procedimentos de avaliação. A discussão sobre o fracasso dos currículos destinados às crianças das classes populares não é feita pelos estudos curriculares nesse período. O conhecimento curricular não era questionado, até que reaparece nos anos 1980 uma tendência crítica no campo. A *teoria crítica de currículo*, desenvolvida a partir dos anos 1970 em diferentes países, será bastante influente nas teorias sobre currículo no Brasil nos anos 1980, como mostro no próximo capítulo.

Sugestões de leitura

MOREIRA, Antonio Flavio Barbosa. *Currículos e programas no Brasil*, Campinas: Papirus, 1990.
O livro aborda o surgimento do campo do currículo no Brasil e analisa a produção acadêmica sobre o tema em três períodos históricos importantes para a área curricular. Defende que as teorias e as práticas de currículo no Brasil não surgem como uma transferência da tradição curricular norte-americana.

Teorias críticas
de currículos

As teorias críticas de currículo foram criadas no início dos anos 1970, em países como Inglaterra e Estados Unidos, após décadas de teorias tradicionais conduzindo as discussões sobre o tema. Essa mudança foi consequência dos movimentos sociais, políticos e culturais que ocorreram na década anterior, anos 1960, e que levaram a uma leitura crítica da sociedade e suas instituições. Os anos 60 do século XX vivenciaram problemas sociais, econômicos, políticos e culturais que desafiaram as sociedades de diferentes países. Condições precárias de moradias para os trabalhadores, desemprego, crime, aumento da violência urbana, guerra, ditaduras militares em vários países, visibilidade do racismo, do machismo, da divisão sexual do trabalho, da homofobia e da desigualdade de acesso aos bens materiais e simbólicos da sociedade, aprofundamento das desigualdades sociais, insatisfação com as instituições – incluindo as universidades e as escolas. Tudo isso produziu críticas e revoltas que levaram a diferentes protestos contra os modos de funcionamento das instituições e da política, contra as desigualdades, a cultura instituída, os valores e os próprios modos de viver na sociedade capitalista.

Uma espécie de *contracultura* é produzida e se expande em resposta a essa crise instalada nas sociedades. A contracultura é um movimento de negação da cultura vigente. Seu objetivo era quebrar tabus, contrariar normas, virar as costas aos padrões culturais dominantes na sociedade. Os hábitos, valores, costumes e padrões que constituíam a normalidade da conduta das pessoas são interrogados. A cultura vigente, que estabelecia os comportamentos que deveriam ser seguidos, é criticada e considerada castradora. Essas normas necessitavam, portanto, ser modificadas e substituídas por outros modos de vida.

Essa contracultura se expandiu nos anos 1960 e marcou a vida de muita gente, sobretudo dos jovens. Ela enfatizava a vida comunitária, a paz, o naturalismo, o contato com a natureza, a liberdade sexual, o prazer, a libertação individual, o uso de drogas, a gratificação imediata, o não consumismo, a solidariedade etc. Disseminou-se, então, um sentimento de necessidade de experimentar outro modo de viver. Havia desilusão e frustração de muitos que tinham sonhado com a concretização de uma sociedade mais democrática, mais justa, mais fraterna e mais humana.

A contracultura e as críticas ao estabelecido se espalharam pelo mundo, em diferentes países e contextos, em diferentes áreas e usando diferentes estratégias. Irromperam, então, movimentos sociais, políticos e culturais, com contestações de diferentes tipos nos anos 1960. Surgiram movimentos como: o movimento *hippie*; os movimentos de trabalhadores, estudantes e artistas contra a ditadura em países da América Latina; os movimentos de independência das antigas colônias europeias; os protestos estudantis na França, que coadunaram no famoso movimento denominado Maio de 68; os movimentos estudantis e operários em vários países; os movimentos de jovens contra a cultura materialista e do consumo; a continuação e o fortalecimento do movimento negro nos Estados Unidos na luta pelos direitos civis dos negros; os protestos contra a guerra no Vietnã; a segunda onda do movimento feminista, em sua luta por acesso aos bens materiais e simbólicos da sociedade (já que a primeira onda desse movimento havia se dado no período de 1920 a 1940, tendo sido uma luta das mulheres sobretudo pelo direito ao voto e à propriedade privada em diferentes países); o movimento de gays e lésbicas, entre outros.

O campo da arte também merece destaque. A música, vista como um ato político que influenciava os jovens, teve sua força nessa reivindicação por outros modos de vida. Foi nesse período que o rock 'n' roll adquiriu enorme popularidade, sobretudo com as bandas The Beatles e The Rolling Stones. No Brasil, a contracultura também estava presente nos movimentos artísticos. A própria Jovem Guarda representava um grupo contrário à estética cultural do país. Esse nome nasceu inspirado em uma frase de um dos grandes nomes do socialismo russo, o líder Vladimir Lenin, a saber: "O futuro pertence à jovem guarda porque a velha está ultrapassada". O Tropicalismo, também, foi outro movimento artístico importante do período no Brasil. Esse movimento misturou diversas vertentes culturais, fez a crítica ao social e ao político e se constituiu em uma vertente contestadora da cultura vigente, divergindo dos padrões culturais dos anos 1960.

Em seu conjunto, esses movimentos sociais, políticos e culturais e a contracultura produzida e divulgada, que colocava em questão a própria cultura e os modos de viver dominantes, contestavam o estado de coisas vigente, a sociedade capitalista consumista e desigual, a sociedade heteropatriarcal, colonialista, racista e o imperialismo dos países ricos. Isso foi a materialidade fundamental para a criação de um pensamento crítico e transgressor, que inspirou a criação tanto das *teorias críticas de currículo* como o pensamento que dá base para as *teorias pós-críticas,* como veremos mais adiante. Aqui interessa registrar que as instituições educacionais se tornaram alvo de críticas contundentes, nesse período. Essas críticas desnudaram a escola e mostraram que ela não promovia a ascensão social; era tradicional e opressiva; era desigual, discriminadora e injusta com as classes trabalhadoras; e mesmo para as pessoas dos grupos dominantes ela era violenta e irrelevante. Era necessário transformá-la completamente.

Em diferentes países surgiu uma teorização crítica da educação que interrogava a educação tradicional e mostrava como a escola na

Currículos

sociedade capitalista reproduz as relações de desigualdade e as hierarquias sociais existentes. Houve uma busca de vários acadêmicos por compreender e explicar como funciona a escola tradicional e como são produzidas essas desigualdades educacionais. Livros críticos sobre a escola na sociedade capitalista, hoje clássicos da educação, foram escritos por vários autores, nos anos 1970, em diferentes países, a saber: 1) *A pedagogia do oprimido* (Paulo Freire, em 1970, Brasil), 2) *A reprodução* (Pierre Bourdieu e Jean-Claude Passeron, em 1970, França); 3) *A ideologia e os aparelhos ideológicos do Estado* (Louis Althusser, em 1970, França); 4) *A escola capitalista na França* (Christian Baudelot e Roger Establet, em 1971, França); 5) *Classe, códigos e controle* (Basil Bernstein, em 1971, Inglaterra); 6) A *escola capitalista na América* (Samuel Bowles e Herbert Gintis, em 1976, Estados Unidos). Esses livros clássicos das teorias críticas da educação questionaram o estado de coisas vigente na sociedade capitalista e mostraram que as escolas funcionam para manter as desigualdades existentes nessa sociedade.

É nesse contexto de questionamentos, críticas, desejo de compreensão e de mudanças que surgem as teorias críticas de currículo. Temos, nos anos 1970, a publicação de pelo menos três livros que não somente marcam os movimentos críticos de currículos nos países em que foram publicados (Inglaterra e Estados Unidos), mas também fundamentam as teorias críticas curriculares em inúmeros países, a saber: 1) *Knowledge and Control: New Directions for the Sociology of Education (Conhecimento e controle: novas direções para a sociologia da educação)* – organizado por Michael Young, na Inglaterra, 1971; 2) *Toward a poor curriculum (Em direção a um currículo pobre)* – William Pinar e Madeleine Grumet, Estados Unidos, 1976; e 3) *Ideologia e currículo* – Michael Apple, Estados Unidos, 1979. Esses livros estão vinculados a movimentos importantes que marcam o início das teorias críticas de currículo.

A Nova Sociologia da Educação (NSE) foi a primeira corrente sociológica e crítica, de fato, voltada para a teorização do currículo. O livro *Knowledge and Control: New Directions for the Sociology of Education* é considerado um marco na origem desse movimento e se tornou a

52

expressão dessa importante mudança. A obra reuniu textos de autores e autoras que se tornariam importantes no campo, entre eles Basil Bernstein, Pierre Bourdieu, Geoffrey Esland, Nell Keddie e o próprio organizador, Michael Young. Ainda que esse livro nunca tenha sido traduzido no Brasil, ele é considerado um clássico da teoria crítica de currículo e tem sido uma referência dessa abordagem nos mais diferentes países, inclusive no Brasil. Isso porque a NSE, ao explorar a dimensão de construção social do currículo, interrogava sobre o que conta como conhecimento e quais são as bases sociais do conjunto de significados que fazem parte do currículo escolar.

Um grupo de sociólogos da educação, na Inglaterra, com abordagens bastante distintas entre si, reuniu esforços para delinear as bases de uma sociologia do currículo e para fazer do currículo o objeto central das análises da Sociologia da Educação. A NSE queria encontrar explicações alternativas para a desigualdade educacional e o baixo rendimento das pessoas das classes trabalhadoras nas escolas, que vinham sendo explicadas em termos de "déficits" culturais. Em direção oposta, a NSE centrou-se na estrutura do currículo, no conhecimento e nas hierarquias entre os conhecimentos considerados válidos ou não, para serem ensinados às novas gerações, como a principal fonte das desigualdades educacionais; como um instrumento de exclusão de classe social. Houve um questionamento da objetividade e da autonomia do currículo, para, em vez disso, mostrar a sua natureza social.

A NSE considerava, então, o currículo e o conhecimento escolar como *construções sociais*. Ele é considerado, assim, em grande medida, responsável pelas desigualdades educacionais e pelo alto índice de reprovação e evasão das crianças das classes dominadas nas escolas. Tanto o conhecimento como as pedagogias usadas para ensiná-lo são considerados responsáveis pelas dificuldades que essas crianças encontram na escola.

Em seu conjunto, a NSE defendia que o currículo acadêmico não era neutro, e nem uma seleção benigna do que existe de melhor para ser ensinado para as novas gerações. Ele era, ao contrário, uma seleção particular de conhecimento por parte das classes dominantes, geralmente no interesse de preservar sua própria posição. Enfatizou o caráter socialmente construído e arbitrário do conhecimento escolar. A NSE estava associada, portanto, a uma crítica do currículo como uma forma de dominação. Havia também uma crítica às formas de pedagogias hierárquicas, às organizações curriculares, às pedagogias centradas nas disciplinas e às barreiras existentes entre conhecimento escolar e não escolar.

Apesar das perspectivas distintas dos acadêmicos vinculados à NSE – alguns desses autores trabalhavam com a Sociologia Estruturalista, outros com a fenomenologia sociológica, outros com o neomarxismo e outros ainda com o interacionismo simbólico –, utilizaram, sobretudo, conceitos da Sociologia, tais como: poder, ideologia, reprodução e cultura. Isso porque a NSE concentrou esforços para mostrar os vínculos do currículo com o poder. Buscou mostrar também a sua construção social e os vínculos do conhecimento com as culturas e com os interesses dos grupos dominantes. A própria organização curricular, o privilégio e o prestígio de algumas disciplinas em relação a outras, a separação rígida entre as disciplinas e a própria tentativa de integração entre elas são problematizados como estando vinculados a princípios de poder.

Para a NSE, a cultura que o currículo valoriza e transmite está muito mais relacionada com a cultura das classes dominantes do que com a cultura das classes dominadas. Isso faz com que as crianças das classes dominantes tenham muitas vantagens no processo de escolarização. O alto índice de evasão e repetência na escola das crianças das classes populares se dava, então, não porque possuíam qualquer déficit cultural, mas porque possuíam uma cultura diferente daquela cultura que era incorporada no currículo e valorizada na escola. Os currículos, nas análises desses sociólogos da educação, estavam reproduzindo as desigualdades já existentes na sociedade capitalista. A NSE defendia então que os currículos deveriam mudar a sociedade em lugar de perpetuá-la, e essas desigualdades sociais e econômicas deveriam ser tratadas no currículo escolar crítico para efetuar as mudanças educacionais e sociais necessárias.

Por querer mudar a direção e os rumos das análises na Sociologia da Educação com o objetivo de colocar o currículo como foco central, a NSE fez um movimento importante tanto no campo da Sociologia da Educação como no campo curricular. Pela primeira vez, o currículo escolar foi colocado como objeto central das análises sociológicas para mostrar seus vínculos com o poder e os interesses das classes dominantes. A NSE defendia, então, a necessidade de mudar o currículo, visto nas teorias tradicionais *como um fato*, e produzir *o currículo como uma prática crítica*, construída no interior dos estabelecimentos de ensino. Essa perspectiva curricular rompeu com a postura tradicional que via professoras como meras transmissoras de conteúdos e, dessa forma, propôs que elas fossem articuladoras do processo educacional na sua totalidade. Talvez por isso a NSE colocasse tanto foco nos professores e nos formadores de professores como agentes de mudanças progressistas. A NSE acreditava que os professores deveriam mudar o currículo na sua prática docente, no cotidiano das escolas e salas de aulas.

Por sua novidade no campo do currículo, a NSE, por um lado, enfrentou reações de diferentes grupos, nos anos 1970 na Inglaterra, e por outro lado, se difundiu em diferentes países, inaugurando assim uma vertente de análises críticas no campo. De fato, as teorias críticas de currículo, a partir daí, efetuaram uma completa transformação nos fundamentos das teorias tradicionais de currículo. As teorias colocam em questão os pressupostos dos arranjos sociais e educacionais existentes para mostrar a serviço de que e de quem o currículo funciona.

A partir desse movimento da NSE, o campo curricular, em diferentes países, vai abandonando aqueles conceitos e termos das teorias tradicionais – tais como: eficiência, racionalização, objetivismo, avaliação, objetivos, metas, planejamento e desenvolvimento curricular – e passa a utilizar diferentes conceitos, oriundos, sobretudo, da Sociologia, do marxismo e da fenomenologia, para pensar de um modo problematizador o currículo, tais como: ideologia, reprodução, resistência, poder, hegemonia, capitalismo, classes sociais, cultura, conscientização, opressão, significados subjetivos, emancipação e experiência para pensar currículos sob outras bases. Se a abordagem mais comum das teorias tradicionais era a da administração científica (com alguns elementos da Psicologia), a abordagem predominante nas teorias críticas de currículo passa a ser a sociológica (com alguns elementos da Filosofia).

Nos Estados Unidos, a abordagem crítica à perspectiva conservadora no campo curricular se chamou Movimento de Reconceitualização e aconteceu a partir de 1973. Como é possível inferir pelo próprio nome, esse movimento buscou reconceitualizar o currículo; trazer outros conceitos tanto para teorizar e compreender o que ele faz na sociedade capitalista como para discutir o que ele pode fazer na luta pela transformação dessa sociedade. De modo diferente da NSE, o Movimento de Reconceitualização esteve, desde o seu início, associado ao próprio campo educacional e pedagógico, e dividido em duas vertentes: 1) abordagens marxistas e neomarxistas de um lado; e 2) abordagens ligadas à hermenêutica, a fenomenologia e autobiografia de outro.

Os reconceitualistas da abordagem hermenêutica, fenomenológica e autobiográfica colocaram ênfase nos significados subjetivos que as pessoas elaboram sobre suas experiências escolares e curriculares. O livro de William Pinar e Madeleine Grumet, *Toward a poor curriculum*, publicado em 1976, marcou o início dos estudos dessa abordagem nos Estados Unidos. Havia uma insatisfação de um grupo de acadêmicos liderado por William Pinar com a abordagem tecnicista do currículo estabelecida pelos modelos de Franklin Bobbitt e Ralph Tyler. Do ponto de vista dessa abordagem fenomenológica, as categorias usadas pelas abordagens tradicionais tecnicistas dominantes no campo curricular norte-americanas estavam dissociadas da vida cotidiana. Portanto, essas categorias usadas na abordagem tecnicista precisavam ser questionadas para se chegar à verdadeira "essência do currículo".

O objetivo da abordagem fenomenológica, hermenêutica e autobiográfica era desnaturalizar as categorias com as quais comumente compreendemos e vivemos o cotidiano, para abordá-las de uma perspectiva profundamente pessoal e subjetiva. Ao se fazer isso, desnaturaliza-se os significados do currículo que são tomados como naturais e que, na verdade, se constituem apenas na "aparência das coisas". Ao se colocar em questão a aparência dos significados e categorias com os quais vemos o currículo, podemos aceder à essência das coisas.

O significado seria algo pessoal e subjetivo. E a conexão dos significados subjetivos com a dimensão social se daria por meio da intersubjetividade, ou seja, das relações entre os sujeitos e entre estes e o mundo vivido. O currículo, nessa perspectiva, deveria se constituir por elementos materiais e simbólicos em que professores e alunos pudessem ter as condições para compreender os significados da vida cotidiana que tomam como naturalizados. Considera-se que aqueles significados abstratos e científicos do currículo precisam dar lugar aos significados pessoais de educadora e educanda sobre os diferentes fenômenos e experiências da vida cotidiana. A singularidade do significado que uma experiência tem para uma pessoa deve ser focalizada para buscar a "essência" dessa experiência. Uma essência que está além das categorias do senso comum e também da ciência, mas que ao se destacar aspectos subjetivos, vividos, situados, da experiência de educadora e educandas, ela aparece.

O currículo deve ser, nessa perspectiva fenomenológica, portanto, um projeto para responder prioritariamente à dimensão humana das pessoas, porque busca destacar o caráter singular, único, situacional da experiência vivida. Daí a importância da análise autobiográfica como importante elemento das práticas curriculares e investigativas. A autobiografia se tornou nessa vertente fenomenológica do Movimento de Reconceitualização, então, uma estratégia de interrogação crítica da construção pessoal e de questionamento constante de uma realidade que não pode ser compreendida fora da subjetividade.

A ênfase na subjetividade dividiu o Movimento de Reconceitualização nos Estados Unidos, já que os autores da vertente mais marxista e/ou neomarxista consideravam a abordagem excessivamente subjetiva e pouco política. Logo no início do movimento, portanto, os autores da abordagem neomarxista, que teve como referência central os primeiros trabalhos críticos sobre o currículo desenvolvidos por Michael Apple, se separaram desse Movimento de Reconceitualização vinculado às concepções fenomenológicas, hermenêuticas e autobiográficas de crítica aos modelos tradicionais de currículo, constituindo então uma vertente estruturalista/neomarxista do currículo.

Essa vertente neomarxista das teorias críticas curriculares, nos Estados Unidos, mostrou as relações entre o currículo e os interesses sociais mais amplos; entre currículo e a estrutura capitalista; entre currículo e a transmissão e perpetuação da ideologia dominante. Esse artefato, nessa vertente, é sempre fruto de determinados agrupamentos sociais, que decidem o que será transmitido às novas gerações nas salas de aula. Dessa forma, não é fundamental saber como o conhecimento será disseminado, mas sim qual conhecimento, e por que este e não outro, colocando em xeque, portanto, toda a perspectiva tecnicista.

O foco dessas análises críticas neomarxistas do currículo era mostrar como o currículo escolar favorece a hegemonia cultural dos grupos que detêm o poder, já que é um viabilizador das diferentes formas de opressão e dominação dos grupos dominantes sobre os dominados. São discutidas também as formas para ampliar as resistências das classes dominadas ao sistema de desigualdades capitalistas e as alternativas curriculares que podem ajudar tanto a emancipação das classes dominadas como a construção de uma sociedade mais justa. O currículo passa a ser problematizado, então, a partir de suas relações com as esferas políticas, econômicas e socioculturais.

O livro *Ideologia e currículo* (1979), de Michael Apple é o marco dessa vertente neomarxista do Movimento de Reconceitualização. Esse livro traz outros conceitos, sobretudo da Sociologia, para as discussões curriculares, que fazem uma verdadeira reviravolta nos estudos do campo. Michael Apple explora as relações existentes entre ideologia, cultura e currículo. Mostra o modo como os movimentos hegemônicos e contra-hegemônicos se constroem e disputam um determinado conhecimento decisivo na construção e manutenção de um senso comum que tem implicações diretas nos currículos. O currículo é considerado não algo dado, mas sim um material que deve ser criticamente examinado. Os conceitos de ideologia, hegemonia, poder, cultura e classe social são centrais para esse exame. Afinal, Michael Apple, com sua abordagem neomarxista, vincula o currículo à estruturação da economia, mas sempre focalizando a força da cultura na definição das estruturas sociais.

Apple examina os interesses sociais incorporados nas formas dominantes do conhecimento curricular e que traduzem pressuposições ideológicas. A análise do conhecimento explícito (que é amplamente aceito) nas propostas curriculares deve prestar particular atenção à ideologia do consenso que preenche o conhecimento escolar e à falta de conhecimentos com maior poder crítico e político no currículo. Pelo seu forte teor crítico e político e pela novidade que trouxe para o campo, nos Estados Unidos, especialistas falam que esse livro inaugura uma nova era no campo. Tem-se com essa vertente neomarxista uma percepção mais política do currículo, que é visto como contemplando um conteúdo elaborado por certas camadas sociais, segundo suas ideologias, disputas, preocupações e comprometimentos culturais, políticos e econômicos.

A problemática do conhecimento veiculado pelas escolas é, nessa perspectiva, central para o estudo da escolarização como veículo de seletividade. A manutenção da ideia de conhecimento como um artefato neutro, tornando-o apenas um objeto psicológico, leva à despolitização da cultura que as escolas distribuem. Para Michael Apple, o questionamento dos conhecimentos difundidos, com perguntas como: de quem é a cultura que o currículo transmite? A que grupo social pertence este conhecimento? De acordo com o interesse de quem é que se transmite determinado conhecimento na escola? Permitirá explicitar a relação entre conhecimento e poder? Entre currículo e ideologia capitalista? Afinal, as escolas desempenham um papel fundamental na distribuição de distintos tipos de conhecimento e disposições a diferentes classes sociais por meio do currículo. Michael Apple vê o currículo como um texto que transmite a ideologia capitalista e que faz com que as classes dominantes continuem a exercer poder nessa sociedade, mantendo assim o estado de coisas vigente.

Com essa vertente neomarxista do Movimento de Reconceitualização, o currículo passou a ser visto como espaço de transmissão da ideologia dominante e de reprodução das desigualdades existentes na sociedade capitalista. Essa teoria permitiu diferentes interrogações ao currículo existente e críticas tanto à centralidade das decisões como à centralidade das disciplinas na organização dos currículos. Também possibilitaram críticas às práticas pedagógicas hierárquicas e ao processo de exclusão de determinados saberes, que, em seu conjunto, contribuem para as desigualdades educacionais existentes.

A junção dessa vertente neomarxista do currículo norte-americana com a Nova Sociologia da Educação inglesa constituiu o que se convencionou chamar no campo curricular de Sociologia do Currículo, abordagem de grande repercussão no campo até a atualidade. Essa abordagem sociológica tornou-se a mais conhecida e divulgada das vertentes das teorias críticas de currículo nos mais diferentes países, inclusive no Brasil, apesar de termos também uma influência fundamental da Pedagogia Popular, de Paulo Freire, e da Pedagogia Crítico-Social dos Conteúdos, de Demerval Saviani.

Mas é importante registrar que a Sociologia do Currículo trouxe para o campo conceitos da teorização educacional crítica, como ideologia, reprodução, poder, culturas, resistências e classe social, para as análises e compreensões do currículo. *Classe social* é entendida nas análises críticas e sociológicas de currículo como grupos sociais distintos existentes na sociedade, e que se diferenciam de outros grupos em decorrência sobretudo de condições econômicas, políticas ou culturais. Uma classe social é constituída por indivíduos que ocupam uma posição próxima economicamente e, por isso, possuem em comum hábitos culturais e sociais, padrão de vida e de consumo, interesses e influências. A teoria crítica e sociológica do currículo usa classe social como a principal categoria para entender a favor de quem o currículo funciona. Com base sobretudo nas divisões identificadas por Karl Marx na sociedade, quando este mostrou que existe, historicamente, dois grandes grupos ou classes sociais contrários um ao outro – o grupo dos que possuem os meios de produção (também denominado *burguesia*) e o grupo dos que possuem apenas sua força de trabalho (também denominado *proletariado*) –, a teoria crítica de currículo utiliza essa divisão para falar do antagonismo entre grupos – de opressores e oprimidos ou classes dominantes e dominadas – existentes na sociedade e para mostrar como o currículo funciona a favor da classe social dominante.

A *ideologia* é entendida como o conjunto de crenças que nos levariam a aceitar as estruturas sociais existentes (capitalistas) como boas e desejáveis. É a ideologia que seria transmitida em diferentes instituições e por vários meios, sendo o currículo um importante dispositivo para essa transmissão, inclinando as pessoas das classes subordinadas à submissão e à obediência, enquanto as pessoas das classes dominantes aprendem a comandar e a ocupar lugares superiores nas hierarquias sociais. Além disso, é por meio da ideologia que a classe dominante transmitiria no currículo (nas mais diferentes disciplinas e conteúdos escolares) suas ideias sobre o mundo social e as crenças que nos fazem ver os arranjos sociais existentes como bons e desejáveis, garantindo assim a reprodução da estrutura social dominante.

A *reprodução* explica como se dão os processos de manutenção das divisões que organizam a sociedade e as relações de poder que sustentam essas divisões. O currículo é visto como um dispositivo que ao transmitir a visão do mundo social vinculada aos interesses das classes sociais situadas em uma posição de vantagem faz com que as divisões de classe e hierarquias existentes na sociedade capitalista se mantenham. Nesse sentido, ele seria um dispositivo influente na reprodução das desigualdades existentes na sociedade.

Ao trabalhar com ideologia e reprodução, as teorias críticas e sociológicas de currículo ligam esses conceitos diretamente a poder. O *poder* é entendido como uma força, um domínio que é exercido por uma pessoa ou por um grupo capaz de impor sua vontade ao outro, independentemente da sua aceitação. É a capacidade de impor, de mandar e de submeter pessoas ou grupos à própria vontade. O poder, portanto, se manifesta nas relações sociais em que algumas pessoas ou grupos são submetidos ao arbítrio de outros. Aquilo que se manifesta no currículo é entendido como o resultado das relações de poder ao mesmo tempo que o próprio currículo reproduz essas relações de poder. É o poder, portanto, que atua no currículo para prolongar o domínio, as hierarquias e as desigualdades existentes na sociedade. Mas ele é visto também como um dispositivo fundamental na luta contra o poder.

Cabe registrar que, na análise crítica e sociológica, esse processo de transmissão de ideologia e de reprodução foi visto como ocorrendo, muitas vezes, de formas sutis e não explicitadas. Os agentes envolvidos no processo ensino-aprendizagem não perceberiam esse processo de transmissão da ideologia e de reprodução das desigualdades. O conceito de *currículo oculto*, então, foi importante para essas análises porque é entendido como o conjunto de atitudes, valores e comportamentos que são implicitamente ensinados por meio de fragmentos de conhecimentos, das relações sociais, dos rituais, da linguagem, das práticas e configurações espaciais e temporais da escola. Os processos de transmissão da ideologia e de reprodução das desigualdades da sociedade capitalista, com a manutenção do estado de coisas vigente, seriam feitos, portanto, por meio de fragmentos de diferentes conhecimentos, de materiais de diferentes naturezas, de arranjos realizados na sala de aula e de linguagens implícitas utilizadas no currículo em ação das escolas.

Embora inicialmente algumas análises críticas e sociológicas de currículo entendessem a ideologia como uma imposição – de cima para baixo ou das classes dominantes sobre as dominadas – de ideias sobre a sociedade e o currículo escolar como um dispositivo pouco contestado, logo essas análises se refinaram para incluir também a resistência. A *resistência* é entendida como uma reação a uma ação de outro. Para essa abordagem, portanto, as classes dominadas, não aceitariam passivamente todo esse sistema de transmissão de ideologia, de reprodução de desigualdades e de hierarquias de classes que o currículo abarca. Currículo é entendido, então, como uma área contestada; uma arena política em que se dão conflitos, disputas e alianças. Há na definição e na prática de qualquer currículo, portanto, lutas e contestações culturais, já que o poder não se realiza exatamente conforme suas intenções.

A *cultura* é entendida na teoria curricular crítica como um conjunto de saberes, experiências, atitudes, valores, crenças, religião, língua, hierarquia, ideias, costumes, práticas e modos de vida que se tornam características de um grupo e que é mutável, móvel, transformável e não homogênea. Ela não existe de forma fixa e unitária; e não se refere apenas ao que recebemos. A cultura refere-se também ao que fazemos com o que recebemos e àquilo pelo qual lutamos. Por isso, a cultura é um campo de luta e tem relação estreita com o currículo. Afinal, em torno da cultura se enfrentam diferentes e conflitantes concepções de mundo, e o currículo é um espaço privilegiado de manifestação desse conflito cultural.

Há nas análises críticas e sociológicas de currículo tanto uma perspectiva *relativista* como uma perspectiva *legitimista* de cultura. A relativista atribui o mesmo valor e importância às diferentes culturas e defende que todas devem fazer parte dos elementos de culturas que fazem parte do currículo. Já a legitimista, embora reconheça as relações de poder travadas entre as culturas, considera que há propriedades nas culturas populares que se devem às culturas dominantes, do mesmo modo que há propriedades nas culturas das elites que se devem às culturas populares. Considera, então, que é possível um currículo com elementos essenciais do que chamam de uma "cultura comum". Por tudo isso, o currículo na abordagem crítica é analisado como uma arena de contestação cultural e um campo de produção ativa de cultura. Afinal, o currículo não apenas transmite e reproduz a cultura produzida em outros espaços; ele é parte integrante do processo de criação de sentidos e significados e, portanto, de produção cultural.

A teoria crítica de currículo no Brasil só se desenvolve na década de 1980. Até então predominava aqui a influência da tradição curricular tecnicista norte-americana. Cabe lembrar que vivíamos a ditadura militar. Observemos ainda que em 1974 o livro do Ralph Tyler – *Princípios básicos de currículo*, escrito em 1949 – foi traduzido para o português e teve enorme difusão no país, sendo a principal referência das especialistas de currículo no Brasil na década de 1970.

Com a abertura política nos anos 1980, parte dessa literatura estrangeira crítica de currículo foi traduzida para o português. Isso impulsionou as mudanças nas discussões do campo curricular brasileiro. Somado a isso, as duas teorias pedagógicas brasileiras – Pedagogia Crítico-Social dos Conteúdos e da Proposta de Educação Popular –, com concepções próprias a respeito do currículo escolar e de suas relações com a cultura das estudantes e com a cultura mais ampla são difundidas. Elas se destacam nas discussões curriculares críticas no Brasil, como será mostrado no próximo capítulo.

Sugestões de leitura

MOREIRA, Antonio Flavio; SILVA, Tomaz Tadeu da. (Orgs.). *Currículo, cultura e sociedade.* São Paulo: Cortez, 1994.

O livro, organizado por esses dois importantes pesquisadores de currículo do Brasil, reúne ensaios de autores com longa tradição no campo de estudos do currículo e que convergem em uma abordagem crítica e sociopolítica do tema, priorizando as análises das relações de poder e de controle presentes na definição e organização dos currículos.

YOUNG, Michael. Currículo e democracia: lições de uma crítica à Nova Sociologia da Educação. *Educação e Realidade,* v. 14, n. 1, 1989, pp. 29-39.

Neste artigo, o autor, que é considerado o pai do movimento denominado Nova Sociologia da Educação (NSE), quase duas décadas após a criação dessa vertente crítica e sociológica do currículo, faz uma análise retrospectiva sobre o movimento procurando dizer em que consistiu a NSE, quais críticas recebeu, em que falhou, o que havia nele de novo etc.

APPLE, Michael W. *Ideologia e currículo.* 3. ed. São Paulo: Penso Editora, 2006.

O livro, clássico da teoria crítica de currículo, apresenta uma análise não determinista do complexo papel que cumpre a escola na reprodução cultural, na divulgação de valores ideológicos, na distribuição desigual do conhecimento, na criação e recriação de formas de consciência que permitem a manutenção do controle social e das relações sociais existentes.

Pedagogia Popular e Pedagogia Sócio-Histórica Crítica

A teoria crítica de currículo no Brasil começa a se desenvolver nos anos 1980 no contexto de redemocratização do país. Apesar de no final dos anos 1960 ter-se ensaiado uma primeira tentativa de enfocar currículo e conhecimento em sua relação com conscientização e emancipação no Brasil, esse esforço inicial foi abortado após as transformações políticas, sociais e econômicas que se sucederam ao golpe militar de 1964. Esses primeiros enfoques críticos de currículo, feitos com base nas ideias de Paulo Freire – divulgadas sobretudo no seu livro *A educação como prática da liberdade*, de 1967 –, desapareceram do campo curricular por toda a década de 1970. Só reapareceram no campo após o regime militar entrar em crise e se efetivar a abertura política.

No início dos anos 1980, ainda sob o regime militar, o Brasil vivia uma grave crise econômica e política: inflação desenfreada, aumento da dívida externa, enorme recessão, queda da produção industrial, aumento do desemprego, baixo poder de compra, desvalorização dos salários, aumento da violência nas cidades e no campo, deterioração dos serviços públicos, visibilidade da corrupção, falta de credibilidade do governo etc. Essa crise gerou uma inquietação social tão grande que os terríveis dispositivos repressivos da ditadura não conseguiram mais conter. Inúmeras mobilizações sociais – as maiores de toda a história brasileira – foram feitas. Firmaram-se várias entidades e partidos populares. Fortaleceu-se a oposição política. Rearticulou-se o movimento de massas. Trabalhadores urbanos e rurais organizaram-se em sindicatos. Emergiram diferentes associações de moradores de bairros, de servidores públicos, de professoras, de centros acadêmicos etc.

Com o fim da ditadura, educadoras, políticos, artistas, jornalistas etc., exilados pelos militares, retornaram ao Brasil. Houve manifestações de grande vulto no movimento pelas eleições diretas para a escolha do presidente, greves de trabalhadores de diferentes setores e multidões ocuparam as ruas em diferentes lutas. Aconteceram encontros, debates, seminários e muita discussão popular em torno da nova Constituição Federal brasileira (CF), que foi promulgada em 1988, e também em torno de uma nova Lei de Diretrizes e Bases da Educação Nacional (LDBEN), que foi longamente debatida, escrita e reescrita, e acabou sendo promulgada somente na segunda metade da década de 1990 – a Lei nº 9.394/96 –, estando em vigor até a atualidade, apesar das mudanças nela que vão sendo feitas aos poucos.

Além disso, importantes acadêmicos e profissionais da educação conseguiram ocupar espaços em diferentes secretarias estaduais e municipais de educação e também nos partidos políticos criados após a abertura. Esses acadêmicos conseguiram neutralizar posições mais conservadoras e implementar suas ideias em diferentes reformas educacionais e curriculares ocorridas em diferentes estados brasileiros nos anos 1980, conhecidas como "as reformas dos anos oitenta". Destacaram-se nesse período as reformas e os currículos oficiais elaborados em Minas Gerais (por Neidson Rodrigues), no Rio de Janeiro (por Darci Ribeiro) e na cidade de São Paulo (por Guiomar Namo de Mello). Houve nesse período uma aversão a qualquer modelo educacional associado ao governo militar e uma recusa ao vocabulário pedagógico e curricular tecnicista importado dos Estados Unidos nos anos 1970. Com esse terreno fértil, o pensamento pedagógico crítico desenvolveu-se.

Ávidos por mudanças na educação, nas escolas e na teorização educacional, os estudos curriculares focaram o debate sobretudo em duas teorias pedagógicas brasileiras: a Pedagogia Histórico-Crítica, de Dermeval Saviani (que no campo curricular foi chamada de Pedagogia Crítico-Social dos Conteúdos ou apenas de Pedagogia Conteudista, pela ênfase que colocava no conhecimento ensinado pela escola) e da Proposta de Educação Popular, de Paulo Freire. As duas eram teorias pedagógicas e não teorias curriculares. Além disso, ambas eram críticas ao estado de coisas vigente e queriam transformar as desigualdades educacionais e sociais brasileiras. Elas apresentavam, no entanto, pontos de vista e enfoques muito diferentes para os currículos. Por isso houve uma cisão entre acadêmicas brasileiras que debatiam seus princípios na busca por definir a mais adequada para pensar e elaborar currículos no Brasil.

A Pedagogia Crítico-Social dos Conteúdos, formulada por Dermeval Saviani no início dos anos 1980, ganhou rapidamente vários adeptos no Brasil. Saviani é um filósofo e professor universitário, filho de trabalhadores rurais do interior Paulista e, nos anos 1980, era professor da PUC de São Paulo. Formou e orientou importantes acadêmicos que ocuparam lugares de prestígio nas faculdades de Educação das universidades brasileiras e nas secretarias estaduais e municipais de educação desse período. Embora já tivesse formulado em artigo de 1982 os germes dessa teoria, foi no livro *Escola e democracia: para além da curvatura da vara*, publicado em 1983, que Saviani sistematizou sua teoria pedagógica e ganhou visibilidade. Essa teoria passou a ser discutida e usada no Brasil tanto para o desenvolvimento da teoria curricular crítica quanto para inspirar diversas reformas curriculares feitas em diferentes estados durante a década de 1980: entre os 26 estados do Brasil, 19 elaboraram currículos oficiais estaduais, sendo que 9 deles foram influenciados por essa vertente pedagógica. Além disso, secretarias municipais de várias cidades do Brasil também elaboraram currículos oficiais nesse período.

Saviani defende o acesso ao conhecimento sistematizado por todos. Fundamentada no materialismo histórico-dialético, a Pedagogia Crítico-Social dos Conteúdos está preocupada com as demandas educacionais, com o acesso ao conhecimento sistematizado, considerado instrumento para as lutas sociais fora da escola, tendo a compreensão dos estudantes como instrumento de reflexão e transformação da sociedade capitalista.

No livro *Escola e democracia*, Saviani considera que existiriam dois grupos de teorias pedagógicas: as teorias críticas-reprodutivistas e as não críticas. As teorias não críticas – compostas por 1) pedagogia tradicional; 2) pedagogia nova; e 3) pedagogia tecnicista – consideram a educação um instrumento de equalização social e superação da marginalidade. As teorias críticas-reprodutivistas – compostas por 1) teorias do sistema de ensino como violência simbólica; 2) teoria da escola como aparelho ideológico do Estado; e 3) a teoria da escola dualista, que entende que a escola é dividida em duas grandes redes correspondentes à divisão na sociedade capitalista: a burguesa e a proletária –, por sua vez, veem a educação como um instrumento de discriminação social e de reprodução das desigualdades. A Pedagogia Crítico-Social dos Conteúdos buscava responder à necessidade de encontrar alternativas a todas essas pedagogias dominantes.

Com sua explicitação de concepção de mundo, de ser humano e de sociedade baseada no materialismo histórico, Saviani apresentou uma proposta pedagógica para superar a sociedade capitalista por meio da educação. Há claramente um objetivo de transformação da sociedade capitalista. Por isso, foi considerada uma concepção pedagógica transformadora ou uma teoria pedagógica revolucionária. Não defendia que a revolução deveria ser feita na própria escola, mas argumentava que as classes dominadas, de posse do conhecimento sócio-histórico-crítico, se instrumentalizariam para a transformação da sociedade, que deveria ocorrer em outros espaços, fora da escola.

Com base nessas ideias, ganha forma no Brasil uma vertente da teoria crítica de currículo que ressalta a necessidade de se ensinar na escola os conhecimentos "objetivos" historicamente acumulados pela humanidade. Defende-se um currículo com foco no conhecimento só-cio-histórico-crítico, patrimônio da humanidade, e pertencente a todas as pessoas, e não apenas às classes dominantes. Para essa vertente, o problema estaria no fato de que, embora o conhecimento seja patrimônio cultural da humanidade, apenas as elites acabam tendo acesso a ele. Isso porque, além da escola, as elites têm acesso a diferentes materiais, tais como: livros de literatura, jornais, revistas, museus, viagens, músicas, filmes, teatros, pinturas, artes em geral etc. Isso produz uma grande desigualdade no acesso ao conhecimento, que é de todas as pessoas. A escola deveria ser a responsável por dar às classes dominadas acesso ao conhecimento científico.

O currículo deveria, então, incorporar os conhecimentos considerados legítimos na sociedade. O currículo é entendido como o conjunto das atividades nucleares desenvolvidas pela escola; como atividades essenciais que a escola não pode deixar de desenvolver, sob pena de perder a sua especificidade. Propõe-se resgatar a importância dos conteúdos para a escolarização ofertada às crianças das classes dominadas, já que a função básica da escola seria a de transmissão dos conhecimentos.

Rejeita-se o foco no método ou no estudante e coloca-se ênfase no conhecimento objetivo, que é considerado como regido pelas leis universais. Considera-se que quanto mais conhecimentos científicos, sócio-históricos críticos, forem ensinados nas escolas, melhor se estaria preparando as crianças das classes populares para a transformação da sociedade. O conhecimento objetivo, para essa vertente, deve ser ensinado para formar a consciência crítica e dar instrumentos para uma prática social que altere as desigualdades da sociedade capitalista. O acesso à cultura dominante por meio do currículo escolar é considerado, então, instrumento de emancipação das classes dominadas.

O conhecimento da aluna não tem espaço no currículo defendido por essa vertente. Não há problematização do conhecimento e seus vínculos com poder, como as outras teorias de currículo fizeram. Além disso, ela defende o conhecimento organizado por disciplinas, porque considera que é nelas e por meio delas que se pode dar a apropriação do conhecimento acumulado pela humanidade. Importante registrar que essa forma de organização do currículo por disciplinas já tinha sido bastante questionada pela vertente crítica sociológica do currículo.

Assim, embora a vertente conteudista tenha fins sociais e políticos claramente emancipatórios, em relação ao modo como concebe o conhecimento ela assume uma postura nada problematizadora, se aproximando bastante, nesse aspecto, das vertentes tradicionais. O conhecimento é considerado aquilo pelo qual se deve lutar para as classes dominadas, e não material para a problematização, como é feito pelas demais vertentes críticas e sociológicas do currículo. Assim, apesar de ser uma teoria pedagógica claramente voltada para o contexto brasileiro, e apesar de ter inspirado a formulação de vários currículos oficiais em diferentes estados do Brasil nos anos 1980, ela recebeu inúmeras críticas e questionamentos no campo curricular. As críticas mais contundentes recebidas por essa vertente se deram pelo modo como concebia o conhecimento universal (que chamava de objetivo) e pela legitimação que atribuía à cultura dominante. A educação somente se torna política quando permite que as classes dominadas se apropriem do conhecimento que ela transmite como um bem cultural, que será um instrumento utilizado na luta política mais ampla.

No campo curricular, houve debates contundentes entre defensores da Pedagogia Crítico-Social dos Conteúdos e defensores da Pedagogia Popular. Afinal, a vertente crítica de currículo baseada na Pedagogia Popular também teorizava o currículo a partir do contexto brasileiro, mas de uma perspectiva bem diferente. Atribuindo grande importância às culturas das classes populares, propunha programas a serem desenvolvidos em suas comunidades e práticas pedagógicas alternativas. Reivindicava a criação de um conhecimento revolucionário nas escolas, que tivesse como ponto de partida a cultura dos alunos e as demandas e necessidades da comunidade na qual estavam inseridos.

A *Pedagogia Popular*, formulada por Paulo Freire – educador e filósofo brasileiro, nascido em Recife (Pernambuco), considerado um dos pensadores mais importantes na história da pedagogia mundial –, foi de grande importância para várias subáreas da educação. Embora o meu interesse seja abordar a vertente da teoria crítica de currículo baseada em sua

Pedagogia Popular, considero importante registrar que Paulo Freire ainda em 1946 foi indicado ao cargo de diretor do Departamento de Educação e Cultura do Serviço Social no Estado de Pernambuco, onde iniciou o seu trabalho com pessoas analfabetas pobres. Seu trabalho de alfabetização de adultos pobres se expandiu para outros estados, e ele ganhou reconhecimento por seu método, considerado inovador, adotado primeiramente em Pernambuco, depois no Rio Grande do Norte e outros estados.

Seu projeto educacional estava vinculado ao nacionalismo desenvolvimentista do governo do presidente João Goulart e, em resposta aos eficazes resultados do seu método de alfabetização, o governo brasileiro aprovou a multiplicação dessas primeiras experiências em um *Plano Nacional de Alfabetização*, que previa a formação de educadoras em massa e a rápida implantação de 20 mil núcleos – os Círculos de Cultura – pelo país. Contudo, alguns meses depois de ter iniciado o Plano, houve o golpe militar de 1964 e, então, não somente o Plano foi extinto, mas também o próprio Paulo Freire foi considerado um traidor, sendo preso por 70 dias. Paulo Freire foi, então, exilado pelos militares, por 16 anos, passando um curto tempo na Bolívia e, em seguida, trabalhando cinco anos no Chile, para o Movimento de Reforma Agrária da Democracia Cristã e para a Organização das Nações Unidas para a Agricultura e a Alimentação.

Foi no tempo de exílio no Chile que Paulo Freire formulou sua Pedagogia Popular, sobretudo em dois importantes livros: *Educação como prática da liberdade*, publicado no Chile e no Brasil em 1967, e *Pedagogia do oprimido*, publicado em várias línguas em 1970, e em português quatro anos depois, em 1974, por causa da censura da ditadura militar. *Pedagogia do oprimido* tornou a Pedagogia Popular de Paulo Freire conhecida internacionalmente, e ele se tornou professor convidado em universidades dos Estados Unidos e Suíça. *Pedagogia do oprimido* é o terceiro livro mais citado em trabalhos acadêmicos da área de ciências sociais em todo o mundo. Mas o Brasil só foi discutir e usar essas obras na teoria educacional e curricular nos anos 1980, com o ambiente fértil de lutas populares e movimentos organizados que se deu no país, e após a abertura política, finalizando o período da ditadura militar.

No livro *Pedagogia do oprimido*, Freire usa a distinção entre opressores e oprimidos para mostrar como se dá o processo de subalternização dos oprimidos em uma sociedade injusta e desigual. Defende que a educação problematizadora deve permitir que os oprimidos possam recuperar o seu senso de humanidade, lutar e superar a sua condição de oprimido. A educação problematizadora, que conscientiza por meio do diálogo, é fundamental para levar o oprimido a compreender todo o processo de opressão e se libertar dessas amarras. Para que isso ocorra, o indivíduo oprimido deve desempenhar um papel central na sua libertação. Isso porque a educação bancária (tradicional) é incapaz de levar a essa conscientização. Há muitas conexões que podemos fazer entre a obra *Pedagogia do oprimido* e a obra *Os condenados da terra,* de Frantz Fanon, publicada em 1961, em que o autor defende a necessidade de ofertar uma educação nova e anticolonial às populações nativas, e não uma extensão da cultura do colonizador, como é a educação tradicional. É por isso que algumas vezes a obra de Freire é associada à de Fanon e as duas juntas são consideradas as bases do que viria a se constituir na teoria pós-colonialista que se desenvolveria nos anos subsequentes.

Com base no livro *Pedagogia do oprimido* de Paulo Freire, a *vertente popular* da teoria crítica de currículo se desenvolveu no Brasil dos anos 1980. Como nenhuma pedagogia libertadora pode ficar distante do oprimido, há a necessidade de mudar o currículo e fazer a humanização no processo ensino-aprendizagem. O currículo precisa ter como ponto de partida a cultura dos grupos para os quais ele se dirige.

Além disso, o conceito de "educação bancária", usado para mostrar que a estudante é vista como uma conta vazia a ser preenchida com conteúdos pela professora, foi amplamente usado no campo curricular para fazer a crítica ao currículo tradicional, composto por conteúdos acríticos e desvinculados da realidade das estudantes, dos problemas sociais e das lutas de classes. É pela ânsia de ensinar conteúdos que a pedagogia transforma estudantes em objetos receptores de conhecimentos e, assim, tenta ajustar as classes dominadas ao mundo, inibindo suas possibilidades criativas. Além disso, defende a importância de um currículo organizado com base na cultura e nos problemas vividos cotidianamente pelas classes dominadas para que estudantes identifiquem uma cultura do silêncio criada para oprimir e por meio da qual o sistema de relações sociais dominantes introjeta uma autoimagem negativa e silenciada aos oprimidos.

A cultura do silêncio é forçada sobre os oprimidos pela cultura dominante, e o currículo é o espaço por excelência para interromper e transformar esse processo. O currículo pode valorizar as culturas populares e, assim, conscientizar os oprimidos, capacitando-os a refletir criticamente sobre seu destino e sua responsabilidade no processo de vencer a miséria e as injustiças sociais. A vertente popular da teoria crítica de currículo defende, então, que o currículo precisa incorporar as culturas das classes populares e os temas relacionados com suas necessidades, para transformar vivências, práticas e problemáticas dos oprimidos em conteúdos dos currículos, de modo a levá-los a praticar uma linguagem crítica do mundo.

A definição dos currículos, no entanto, não deve desconsiderar as disciplinas acadêmicas e, portanto, a opinião de especialistas das diferentes áreas do conhecimento. Contudo, para Paulo Freire, antes de passar pelo crivo de especialistas das diferentes disciplinas, ele deve ser construído com a participação de docentes, estudantes e outros membros da comunidade escolar. As professoras devem realizar uma espécie de etnografia da comunidade na qual as estudantes estão inseridas. O ponto de partida da seleção e organização de qualquer currículo deveria ser a existência das estudantes, com seus temas, interesses, suas necessidades, seus problemas, suas culturas, suas vidas.

A vertente popular da teoria curricular defendia, portanto, um currículo com foco na cultura das classes populares, rompendo com a relação existente entre a cultura escolar e a cultura dos grupos dominantes. Enfatiza-se a valorização da experiência da estudante como forma de dar voz às culturas silenciadas pela escola. Isso é considerado um meio para fortalecer os grupos que sofrem diferentes formas de dominação e opressão. A escola é vista, então, como um espaço de ação política importante para as classes populares, já que a educação e a política não podem caminhar separadamente.

Ao pensar, organizar e planejar o currículo é necessário levantar, com as estudantes e a comunidade à qual pertencem, seus temas de interesse e necessidade. Esses temas, chamados por Paulo Freire de "temas geradores", retirados das experiências de vida das educandas, seriam transformados em conhecimento curricular pelas professoras com o auxílio das especialistas de diferentes áreas. O currículo, nessa perspectiva, deve estar comprometido com a conscientização de classe do oprimido e com a transformação das desigualdades sociais e da sociedade capitalista. Para isso, ensinar estudantes das classes populares a valorizar a sua própria cultura e a se conscientizar da sua condição de oprimido é tarefa importante da escola e, portanto, do currículo escolar.

Sugestões de leitura

GAMA, Carolina Nozella; DUARTE, Newton. Concepção de currículo em Dermeval Saviani e suas relações com a categoria marxista de liberdade. *Revista Interface*, n. 21, v. 62, 2017, pp. 521-530.

O artigo aborda a construção da Pedagogia Histórico-Crítica, de Dermeval Saviani, e mostra que em sua obra alguns princípios curriculares podem ser formulados para a seleção dos conteúdos do ensino.

SCOCUGLIA, Afonso Celso. As reflexões curriculares de Paulo Freire. *Revista Lusófona de Educação*, Lisboa, Portugal, v. 6, 2005, pp. 81-92.

O artigo discute as relações entre o conhecimento, a aprendizagem e o currículo no interior do pensamento político-pedagógico de Paulo Freire e mostra como o currículo é entendido por Freire como processo de interação de todas as práticas e reflexões que marcam os processos educativos.

Teorias pós-críticas de currículo

As *teorias pós-críticas de currículo* abrigam um conjunto heterogêneo, com arcabouço teórico diversificado, originário sobretudo do pós-estruturalismo, das filosofias da diferença e de um híbrido de análises antropológicas, sociológicas, filosóficas, políticas, históricas e linguísticas da cultura. Essas teorias são: o multiculturalismo, os estudos culturais, o pós-colonialismo, os estudos étnicos e raciais, os estudos feministas e de gênero, a teoria *queer* e o pensamento da diferença. Elas são chamadas de pós-críticas tanto por trazerem outras categorias e conceitos para as análises curriculares, como por, em muitos casos, romperem com toda a lógica explicativa e conceitual da teorização curricular crítica.

As teorias pós-críticas de currículo questionam os pressupostos das teorias críticas curriculares, marcadas sobretudo pelas influências do neomarxismo e da fenomenologia, que, como foi mostrado nos capítulos anteriores, estabelecem as conexões entre currículo, poder, ideologia, reprodução, capitalismo, desigualdades de classes sociais e luta por emancipação. As teorias pós-críticas de currículo estabelecem relações entre currículo e outros conceitos e temas que, para além da categoria de classe social, são explicativos das lutas e disputas sociais, culturais e políticas dos tempos em que vivemos, tais como: gênero, sexualidade, raça, etnia, colonialidade, decolonialidade, culturas, representação, relações de poder, discurso, linguagem, texto, significações, produção de sentidos, territorialidades, identidade, diferença, subjetividade, modo de subjetivação etc.

De um modo geral, elas se concentram em: a) explicar o cenário pós-moderno contemporâneo, entendendo-o como bem diferente da modernidade, com suas ambições iluministas da razão e de sociedade civilizada; b) demandar um currículo também diferente do moderno, que seja capaz de lidar com o local, o contingente, o contexto e o híbrido; c) problematizar as teorias explicativas modernas como metanarrativas ambiciosas e insuficientes para explicar as diferentes relações existentes nos currículos; d) interrogar as identidades definidas como sólidas localizações, estruturadas, unificadas, inteiras, completas, seguras, fixas e coerentes, em que as pessoas se encaixam socialmente e culturalmente; e) mostrar que as identidades são móveis, fragmentadas e com fronteiras muito menos rígidas do que supúnhamos; f) desconstruir o sujeito centrado, unificado, coerente, estável, dotado de capacidade racional, da consciência e de ação presentes nas explicações modernas iluministas; g) contrapor-se às análises estruturalistas da linguagem, do texto e do discurso (por isso essas teorias também são chamadas de pós-estruturalistas) que viam a linguagem do currículo como representando a realidade e não como constitutiva e produtiva dessa realidade; h) interrogar os pressupostos da filosofia da identidade presentes na definição dos currículos, para operar com o pensamento da diferença, que pode fazer a vida proliferar nos currículos; i) colocar centralidade na cultura para a compreensão dos novos mapas políticos e culturais contemporâneos e do currículo que é demandado nesses novos mapas.

Apesar de se referirem a estudos bastante distintos, com questões e problemáticas próprias para a educação e o currículo, essas teorias estão, de certo modo, conectadas por dois movimentos ocorridos no pensamento e na teorização das ciências humanas e que chamamos de viradas pós-estruturalistas: a *virada linguística* e a *virada cultural*. Talvez por isso, muitas vezes, essas teorias pós-críticas de currículo são chamadas também de teorias pós-estruturalistas ou pós-modernas. Essa nomenclatura é usada para se referir a esse conjunto de teorias, narrativas e análises tão diversas que lidam com problemáticas trazidas por essas "viradas" comumente atribuídas aos estudos pós-estruturalistas.

Os estudos pós-estruturalistas ocuparam um espaço significativo no cenário acadêmico porque lançaram um importante desafio teórico-metodológico e apresentaram um rompimento com as bases epistemológicas das ciências modernas. Afinal, essas ciências, em nome de uma concepção totalizante de racionalidade, não levaram em conta o movimento, a indeterminação, a impossibilidade dos significados últimos e nem as produções subjetivas e engajadas dos diferentes grupos culturais que não exercem poder na sociedade. Além disso, as ciências modernas enfocaram as estruturas, os sistemas, a totalidade, o centro e a dimensão de classe social em seus estudos, deixando um vácuo significativo nas análises acadêmicas sobre a diferença, as micropolíticas, as singularidades, as diferentes dimensões na constituição dos sujeitos, das subjetividades, subjetivações e das culturas.

Os movimentos sociais e culturais dos anos 1960, ocorridos em diferentes partes do mundo, denunciaram as exclusões, desigualdades, injustiças e opressões. Reivindicaram uma contracultura, outro mundo com outra lógica, com consequências importantes para a produção acadêmica, tanto para as teorias críticas de currículo – como mostrado anteriormente neste livro – quanto para as teorias pós-críticas de currículo – discutidas neste e nos próximos capítulos. Afinal, são as questões em torno das culturas, das identidades e subjetividades, dos sujeitos, da linguagem e do discurso feitos a partir da demanda por outro modo de viver, outros sentidos e significados e outros discursos que os estudos pós-críticos ou pós-estruturalistas problematizam.

O pós-estruturalismo é o nome dado por acadêmicos norte-americanos a um conjunto de produções de diferentes campos do conhecimento, tais como a Filosofia, a Psicanálise, as Ciências Sociais, a

Linguística e a Teoria Literária, e está associado à recusa de alguns intelectuais franceses em aceitar as pretensões totalizantes e científicas da ideia de estrutura como sistema autorreferente de diferenças. Embora os principais autores que dão base ao pós-estruturalismo, tais como Michel Foucault, Jacques Derrida e Gilles Deleuze, nunca se identificaram como pós-estruturalistas – evidenciando que essa atribuição é parte do processo de recepção de suas obras e não do momento em que elas foram escritas –, é a produção desses autores que fomenta o pós-estruturalismo e suas viradas *cultural e linguística*.

A *virada cultural* refere-se a um movimento que colocou no centro das análises sociais e humanas uma discussão, problematização e usos da cultura. Essa virada coloca centralidade na cultura sem recorrer às oposições binárias modernas do tipo: cultura do centro e cultura da periferia, alta e baixa cultura, cultura erudita e popular, cultura acadêmica e da mídia, teoria e prática cultural etc. Em vez do privilégio ou idealização de um desses polos, centra na problematização das relações de poder que as constitui e nas lutas culturais que se ampliam por todas as partes e territórios. Essa centralidade na cultura pode ser traduzida, portanto, pela grande dificuldade de se ignorar a importância conquistada pela(s) cultura(s) na vida humana, e pelo abalo que os processos culturais têm causado às explicações acadêmicas, políticas e sociais. Trata-se de uma centralidade na cultura, portanto, para borrar fronteiras, corroer as hierarquias, mostrar as relações de poder operantes na sua constituição e tornar sem sentido uma disputa por ocupar o que seria o lugar de melhor cultura.

Eleger a noção de cultura como significando modos de vida de um grupo ou de um povo, construídos sempre em relações de poder, que não são fixos e estão em permanente processo de construção e reconstrução, teve efeitos nos mais diferentes campos do conhecimento. Cultura é então uma rede de significados que dão sentido ao mundo para indivíduos e grupos, e que engloba aspectos diversos como costumes, língua, valores, crenças, moral, leis, práticas etc., constituindo-se, portanto, em modos de vida de um grupo. Com a virada cultural, a cultura foi definitivamente desvinculada de um sentido elitista de "espírito cultivado", bastante utilizado em diferentes meios e saberes, que considerava culto, como possuindo cultura, aquele que tem acesso ao conhecimento considerado erudito e às grandes obras artísticas e literárias. Passamos a compreender que todos têm culturas, e que essas são desiguais e hierarquizadas em termos de poder, mas igualmente válidas em termos de modos de vida. As teorias pós-críticas de currículo que têm como foco a(s) cultura(s) – tais como o multiculturalismo, os estudos culturais, os estudos pós-colonialistas, os estudos étnicos e raciais e os estudos feministas, de gênero e sexualidade – se desenvolveram, se solidificaram e se ampliaram junto com essa virada cultural. Trata-se, portanto, de um movimento duplo: tanto a virada cultural interferiu e contribuiu para o desenvolvimento dessas teorias como essas teorias todas tornaram a virada cultural um movimento de efeitos extremamente impactantes, difícil inclusive de se mensurar.

Toda a virada cultural produziu novos mapas que transformaram as teorias curriculares e as tornaram menos pedagógicas e mais *cultural-pedagógicas*, com um traço que as une em vez de separá-las. Isso porque currículo e conhecimento são vistos como campos culturais sujeitos à disputa; como territórios contestados; como campo de lutas culturais que se dão no pedagógico. O currículo é analisado como um artefato em que parte significativa das lutas culturais são empreendidas e as identidades são produzidas. Isso explica sua importância na própria luta por representação dos diferentes grupos que querem ver suas culturas representadas no currículo, isto é, querem que suas culturas sejam incluídas, apresentadas, discutidas e ensinadas por meio desse artefato.

Além disso, com os efeitos da virada cultural, as teorias de currículo tornaram-se mais híbridas, já que foram borradas as fronteiras entre o conhecimento acadêmico e o escolar; o conhecimento cotidiano e da cultura de massa; entre o conhecimento científico e os saberes do mundo das pessoas; entre ciência, filosofia e arte; entre pedagogia e cultura; entre cultura erudita e cultura popular. Ao analisar a fabricação interessada dessas barreiras e seus efeitos culturais, políticos e sociais, as teorias pós-críticas de currículo ampliaram seu corpo de análise. Isso porque considera a existência de outros espaços e artefatos que ensinam, e que possuem uma pedagogia e um currículo. Existem, portanto, outros currículos culturais, além do escolar, que disputam espaço na produção de sujeitos. Como efeito dessa virada, e com base nas importantes contribuições das vertentes pós-críticas dos estudos culturais, as teorias de currículo focaram mais nos processos, na dimensão construcionista e produzida dos currículos, dos artefatos culturais e das culturas que eles privilegiam. Todo conhecimento é visto como cultural, vinculado a relações de poder e envolvido com processos de produção de identidade ou de subjetividade.

A *virada linguística*, por sua vez, sintetiza mudanças ocorridas no pensamento e na pesquisa ocidental pelas contribuições de autores que colocaram em questão as teorias explicativas da linguagem, do discurso, do sujeito e da verdade. Colocou a linguagem no centro das análises para entendê-la como produtiva. Retirou da linguagem, portanto, o seu papel de reflexo e atribuiu-lhe um caráter construcionista, constitutivo das coisas, dos sujeitos, do mundo, das verdades. A produção do filósofo francês Michel Foucault sobre discurso, poder e sujeito foi fundamental para a produção pós-estruturalista dessa "virada". O *discurso* é entendido como uma prática produtiva, constitutiva; como uma prática que produz os objetos sobre os quais ele fala. O *sujeito* é entendido como sem essência, como um efeito das práticas discursivas que o nomeiam; como produzido discursivamente sempre em meio a relações de poder. O *poder,* por sua vez, é uma relação (e não um bem que alguém detém ou possui); de mão dupla (já que em todas as relações de poder existe sempre espaço para a reação e a contestação); ascendente e não descendente (já que ela primeiro produz sujeitos que, posteriormente, ocupam lugares em instituições nas quais se concentram diferentes tipos de relações de poder).

A discussão do filósofo franco-argelino Jacques Derrida sobre a escritura e o texto também foi fundamental para a produção pós-estruturalista dessa virada linguística. O *texto* é entendido como uma trama de signos; um tecido de referências; uma teia de códigos que acabam dando esse sentido de fixidez às significações. Mas o *significado* é sempre fluido, indeterminado e incerto. A significação resulta de um jogo interminável de significantes e de relações de poder, e não pode ser fixada. Os textos, portanto, são tecidos pelos rastros e diferenças de outros textos. Então, não há texto em si mesmo. A desconstrução é uma estratégia importante para mostrar como é feita essa trama dos signos no texto, criando oposições binárias e hierarquizando com elas as pessoas, as culturas, as práticas, a linguagem, os saberes, o mundo etc.

Com essas viradas linguística e cultural, portanto, a linguagem foi colocada como conceito central, como ferramenta de análise, como flecha teórica e metodológica, como óculos para ver e uma língua para dizer e produzir as coisas. Trata-se de uma potente trama que precisa ser desconstruída; mexida e remexida para evidenciar as artimanhas da produção do pessoal, do político, do próprio texto, de suas exclusões internas da diferença, das artimanhas do culturalmente válido. O currículo passou a ser visto como uma linguagem central nas disputas pela produção de sentidos e culturas. Nessa perspectiva, ele não é mais pensado como produto da ideologia. O currículo é visto como uma linguagem, um discurso, um texto produtivo, constitutivo, cujas marcas e efeitos não se encerram em sua própria estrutura.

A virada linguística fez com que as teorias curriculares entendessem que, como linguagem, texto ou discurso, o currículo é dotado de uma discursividade arbitrária que determinado grupo – aquele que o pensou, selecionou, formulou e organizou – considerou mais adequado ou melhor. O seu discurso não é, portanto, uma seleção desinteressada daquilo que é o melhor para todas, em todos os contextos; e nem o mais verdadeiro. O currículo é um artefato deste mundo. Ele é criado, fabricado, feito, modelado, sempre envolto em relações de poder de diferentes tipos.

Essa virada linguística fez ver também que o currículo é artefato de enorme importância nas lutas políticas, sociais e culturais porque seu discurso é constituidor ou produtor daquilo que enuncia. Ele faz muitas enunciações que podem incluir e excluir, que marcam, formam, subjetivam. Sua linguagem não apenas representa o mundo, mas também fabrica o mundo que nomeia. Ele pode, então, fazer ver como verdadeiras as hierarquias existentes entre os saberes, as culturas que prioriza, os significados que atribuem ao mundo, a vida que faz desejar, a sociedade que divulga como necessária, as linguagens que usa para nomear os diferentes grupos e para dizer sobre como esses grupos são, como vivem ou o que fazem.

Mas essa virada linguística também fez com que as teorias curriculares mostrassem que a linguagem do currículo fornece uma das maneiras de atribuir sentidos ao mundo, que sempre disputa espaço, na constituição dos sujeitos, com outros discursos. Isso porque as palavras que utiliza para nomear as coisas disputarão sentidos com as palavras usadas por outros meios, em outros espaços e artefatos. Considera que o currículo é um texto que expressa e divulga significados. Mas a significação daquilo que enuncia está sempre à espera de sentidos daqueles que o vivenciam.

A virada linguística possibilitou que as teorias pós-críticas de currículo analisassem o vínculo da linguagem do currículo com a produção de verdades e de sujeito. Afinal, se não existe a verdade última, mas sim a veridição – que é o processo por meio do qual determinados discursos são considerados verdadeiros –, então o currículo é um texto com vontade de verdade. Desse modo, é de grande importância saber: qual é a vontade de verdade do currículo que estou praticando ou criando? Como os discursos que ele prioriza vieram a fazer parte do discurso considerado verdadeiro? Quais foram as estratégias usadas para isso? Nesse sentido, as teorias pós-críticas de currículo consideram de grande importância desconstruir as verdades do currículo, mostrando suas tramas, seus vínculos, as estratégias binárias que utiliza para priorizar linguagens, grupos, saberes e culturas.

Essas teorias também passaram a analisar o currículo como produtor de sujeito. Ele é visto como artefato que investe para produzir o *corpo dócil*, vigiado, o sujeito individualizado e governado, porque define, localiza e investe na produção de sujeitos. Mas sua linguagem não é nem totalmente controlada e nem coerente. Há conflitos no currículo sobre o sujeito que diz querer formar e os discursos que divulga e ensina para, supostamente, formar o sujeito desejado. O currículo tem sempre vontade de sujeito. Mas é importante compreender qual sujeito quer formar para, então, analisar a linguagem, selecionada e usada para formar ou produzir o sujeito desejado. Como o currículo é sempre resultado de uma trama de signos, de uma seleção de linguagens, uma junção de discursos híbridos oriundos de vários campos discursivos, então ele sempre traz essas marcas dos conflitos na produção do sujeito.

Assim, nas teorias pós-críticas, o currículo é um artefato cultural produzido em relações de poder. É produtor de saberes, de culturas, de significados e de sujeitos. Ele deixa marcas naquelas que o produzem; naquelas que com ele ensinam; naquelas que com ele aprendem. Aquilo que o currículo divulga está sempre aberto a diferentes conexões, aos diferentes sentidos que serão dados, aos diferentes contextos em que ele será lido, operacionalizado.

As viradas linguísticas e culturais e seus usos nas teorias pós-críticas de currículo possibilitaram fazer outras perguntas a esse artefato e mostrar suas consequências colonialistas, homofóbicas, racistas, etnocêntricas, machistas, imperialistas e excludentes na educação. Possibilitaram vê-lo como um texto cultural; um texto complexo que precisa ser desconstruído e interrogado permanentemente para explicitar as tramas que, por um lado, carregam as marcas produtivas das culturas e da linguagem e, por outro, possibilitam relacionar o que ele diz e faz com o que dizemos e fazemos na educação. Isso porque o currículo é uma linguagem, um discurso, um texto e, como tal, traz sempre a possibilidade da mobilidade, do movimento, da conexão e do nascimento do novo. Em decorrência das viradas linguística e cultural, portanto, ele é entendido como produtor daquilo que enuncia. Sua linguagem não apenas representa o mundo, mas também fabrica o mundo. Duas vertentes das teorias pós-críticas de currículo que se desenvolveram trazendo essa virada cultural como foco central de suas análises e discussões foram a multiculturalista e a dos estudos culturais.

A *teoria curricular multiculturalista* descreve a existência de muitas culturas numa região, cidade ou país que deveriam estar presente no currículo escolar, mas não estão. Mostra que são múltiplas as culturas existentes, e que não há país monocultural, com apenas uma cultura. Por isso a interrogação de qualquer currículo que fala em "cultura nacional". Sob o nome de cultura nacional, há sempre eliminação, subjugamento, estereotipagem, trivialização ou silenciamento de algumas culturas, para eleger aquela que supostamente seria a cultura nacional, a considerada verdadeiramente válida.

Essa teoria curricular multiculturalista defende, assim, que no âmbito do currículo escolar é necessário realizar uma discussão sobre as diferentes culturas como igualmente válidas; uma discussão que ficou durante muito tempo restrita ao campo da Antropologia e que passa a estar fortemente presente na discussão curricular. Há certa continuidade com as discussões das teorias críticas de currículo que buscam *justiça social*. Mas isso é feito de modo diferente, já que o multiculturalismo enfoca as várias dimensões da cultura e não mais apenas a questão de classe social. Talvez pudéssemos falar, nesse caso, de uma busca por justiça cultural e social por meio da incorporação de diferentes culturas nos currículos.

A teoria curricular multiculturalista está preocupada com as dimensões de raça/etnia, gênero, sexualidade, geração, regionalidade, territorialidade e com o modo como essas questões aparecem nos currículos escolares. Investe em suas análises para mostrar que o cânon literário, estético e científico do currículo é a expressão do privilégio da cultura branca, masculina, adulta, europeia e heterossexual. Mostra que os currículos costumam ser etnocêntricos, homofóbicos, machistas, xenofóbicos, adultocêntricos e eurocêntricos, contribuindo para subalternizar alguns grupos culturais e fortalecer outros.

Abordando as diferentes culturas que costumam ser silenciadas ou negadas na seleção dos elementos que fazem parte do currículo, a teoria curricular multiculturalista defende que não é possível fazer justiça curricular se os currículos escolares e universitários não forem modificados para incorporar conhecimentos que mostrem as formas pelas quais a diferença é produzida por relações sociais hierárquicas de poder. Operando com a compreensão de que a cultura é um campo de produção de significados no qual os diferentes grupos sociais lutam pela imposição de seus significados à sociedade mais ampla, a teoria curricular multiculturalista considera o currículo uma arena na qual as diferentes culturas se encontram e precisam ver seus modos de vida, suas histórias, narrativas, lutas políticas e sociais trabalhadas como conhecimentos legítimos, para então fortalecer a educação para a luta e a resistência, e não para a vergonha, a negatividade e a submissão.

A vertente dos *estudos culturais do currículo*, por sua vez, se constitui em um movimento teórico multidisciplinar que investiga as diferentes culturas, colocando foco nas suas manifestações, nos seus aspectos produtivos e nas suas relações de poder existentes. Essa vertente se baseia no movimento teórico geral dos estudos culturais que teve sua origem na criação do Centro de Estudos Culturais Contemporâneos da Universidade de Birmingham, Inglaterra, em 1964, por um pequeno grupo de intelectuais de diferentes áreas reunidos em torno da discussão sobre cultura. Os intelectuais da origem – Richard Hoggart (Teoria Literária); Edward Thompson (História); Raymond Williams (Sociologia) e Stuart Hall (Sociologia) –, já no início de sua produção, focam na problematização dos usos da cultura; contestam a divisão feita ente "alta" e "baixa" cultura, entre cultura erudita e popular; e analisam as relações de poder presentes nessa divisão e definição.

Essa vertente estuda as relações entre cultura e política para mostrar a importância da valorização das formas culturais populares que dão elementos para a compreensão de temas sobre as questões de gênero ou étnicas nas culturas, e a hierarquização que as sociedades fazem dos diferentes estilos de vida. Essa vertente está preocupada com questões que se situam na conexão entre cultura, significação, identidade e poder. Concebe a cultura como um campo de luta em torno da significação social, e o currículo como um artefato cultural de grande importância nessa luta. Afinal, o currículo está envolvido diretamente na produção cultural, e é na cultura que se definem as formas que o mundo deve ter e como as pessoas e os grupos devem ser.

As questões das identidades culturais (de gênero, raça/etnia, sexualidade, nacionalidade, regionalidade etc.) são analisadas pelos estudos culturais do currículo como construtos não fixos e nem definitivamente estabelecidos. Por dependerem de um processo de construção da diferença, estão sujeitas a um constante processo de transformação. A cultura, a diferença e a identidade são vistas como o resultado de um processo relacional – histórico e discursivo – de construção da diferença. A vertente dos estudos culturais defende que o próprio conceito de identidade, tão problematizado a partir das contribuições das filosofias da diferença, ainda é muito importante para os movimentos sociais em suas lutas políticas, já que é necessário algum tipo de coalizão, aliança ou acordo para se unir em torno de lutas políticas identitárias e culturais específicas.

A política de identidade é o movimento cultural em que grupos tradicionalmente marginalizados levantam sua voz, reclamando o direito de se autorrepresentar, de falar sobre si, de dizer quais são as suas necessidades em termos de bens materiais e simbólicos. Afinal, por meio de relações de poder é fixada uma identidade como a norma e a outra como diferente. A norma costuma falar de si e também do outro, representa a si e ao outro, fala de suas necessidades e das necessidades do outro. Nesse sentido, identidade e diferença são inseparáveis, interdependentes e estão conectadas a relações de poder. O currículo, portanto, é artefato de grande importância nesse processo de entendimento de como se dá a construção da identidade e da diferença e como se pode articular as lutas políticas identitárias.

Então, na vertente dos estudos culturais, o currículo é entendido como um campo de luta em torno da cultura, da significação do social e da identidade. O currículo é, assim, espaço por excelência de representação de culturas, de grupos identitários e de diferenças.

A *representação* é entendida como formas de inscrição, de expressão e de apresentação de culturas, de sujeitos, de diferenças e de identidades. É uma forma de conhecimento e divulgação do outro. Por meio da representação no currículo vemos e somos vistos; mostramos e somos mostrados; divulgamos e somos divulgados. A representação das culturas é feita em textos literários, na publicidade, na pintura, nos desenhos, nas fotografias, na televisão, nos textos científicos, nas revistas em quadrinhos, nas músicas, nos filmes, na internet, nos poemas, nos textos de políticas, nos livros de literatura, nos documentos oficiais. Daí a importância das lutas dos grupos culturais que não exercem poder na sociedade pelo direito de se representar.

Os estudos culturais do currículo – considerando a força da expansão dos meios de comunicação e das novas tecnologias da informação nas lutas culturais contemporâneas, na produção de significados e na representação dos diferentes grupos – ampliam suas análises para incluir outros artefatos (tais como livros de literatura, programas televisivos ou de internet, filmes, campanhas publicitárias, museus, teatros, performances, revistas, jornais, músicas). Os estudos culturais julgam que tais artefatos também ensinam e possuem uma pedagogia e um currículo. Consideram, portanto, importante para as lutas culturais e políticas contemporâneas a análise desses artefatos culturais e defendem que sejam analisadas as estratégias usadas por esses artefatos tanto para emocionar, capturar e seduzir como para representar grupos identitários, divulgar determinadas culturas e modos de vida como corretos e adequados. Os estudos culturais consideram, por fim, que é necessário incluir nos próprios currículos a discussão desses artefatos para produzir o alfabetismo crítico das imagens e dos textos de artefatos que já fazem parte do currículo escolar produzindo e divulgando determinados significados, culturas e identidades ou subjetividades.

O desenvolvimento dos estudos pós-críticos de currículo, portanto, ao explodir seus entendimentos e suas práticas em inúmeros pequenos marcadores sociais – e ao abrir a agenda da pesquisa para questões de gênero, feminismo, sexualidade, raça, etnia, colonialidade, nacionalidade, campo-cidade, multiculturalidade, religiosidade, imigrações, xenofobia, função produtiva da linguagem, força dos artefatos culturais, processos de significação, disputas entre discursos, novas comunidades –, possibilitou ver e dizer sobre o quanto o currículo é uma linguagem marcada com os signos de grupos que exercem poder na sociedade. Assim, ao inventarmos estratégias para problematizar o currículo, consideramos que, como um texto, ele é produtivo dos sujeitos, das significações, da verdade. Isso fica evidente quando decompomos os elementos da linguagem do currículo para explicitar as tramas, as partes do texto e as oposições binárias que hierarquizam.

As duas viradas, a linguística e a cultural, aqui abordadas – com as mudanças de perspectivas, os conceitos usados nas teorias pós-críticas de currículo e as duas vertentes aqui apresentadas, a multiculturalista e a dos estudos culturais – têm suas bases construídas, criadas e expandidas a partir dos anos 1960 sobretudo na Europa, mas também nos Estados Unidos. No entanto, somente nos anos 1990 essa teorização é usada na teoria e na política curricular brasileira. Na teoria curricular o efeito foi impressionante, ao ponto de quase não conseguirmos mais falar do tema sem nos referirmos às múltiplas culturas que lutam para terem seus significados, seus modos de vida e suas lutas sendo valorizadas e incluídas nos currículos escolares. A sua relação com a produção de identidades (ou subjetividades, se a abordagem se basear nos trabalhos de Michel Foucault) e as relações de poder atuantes nesse processo foram intensamente discutidas no campo curricular nos anos noventa. A luta por representação cultural no currículo se tornou pauta importante de diferentes grupos culturais. As críticas aos currículos existentes não deram trégua ao conhecimento neles priorizados. Isso reverberou de diferentes formas nas políticas curriculares criadas nos anos 1990 no Brasil.

Cabe lembrar que tivemos nesse período a promulgação, depois de uma década de discussão, da Lei de Diretrizes e Bases da Educação Nacional (LDBEN), a Lei nº 9.394/96, que embora já tenha recebido algumas atualizações, continua vigorando até os dias atuais. A nova lei impulsionou muitos debates no campo do currículo sobre suas determinações e sobre a possibilidade de currículos organizados de outros modos, que não a organização por disciplinas. Também foi muito discutida a necessidade de currículos que incorporassem a discussão sobre as culturas dos diferentes grupos que compõem a chamada cultura brasileira.

Nesse contexto, apesar de já existirem currículos oficiais estaduais nos mais diferentes estados brasileiros, construídos na década anterior, tivemos nos anos 1990 diferentes currículos construídos em vários municípios brasileiros. Tivemos também a definição dos Parâmetros Curriculares Nacionais (PCN) em 1997, publicados no governo do presidente Fernando Henrique Cardoso. As propostas de currículos-oficiais municipais – tais como o currículo da Escola Plural de Belo

Horizonte, da Escola Candanga de Brasília, da Escola Cidadã de Porto Alegre, da Multieducação do Rio de Janeiro etc. – tentaram incorporar elementos dessas discussões, sobretudo multiculturalistas, numa espécie de hibridismo com algumas abordagens críticas de currículo. Essas propostas curriculares, embora fossem oficiais porque tinham o selo do governo municipal, ficaram conhecidas como propostas curriculares alternativas. Isso para diferenciá-las dos PCN, que eram a proposta curricular oficial nacional.

Os PCN também incorporaram uma discussão de elementos do multiculturalismo, ainda que de um modo considerado bastante incipiente e apontado como sendo de um tipo assimilacionista. Os PCN eram organizados por disciplinas, mas havia documentos específicos para indicar alguns temas, chamados de *temas transversais* (ética, pluralidade cultural, meio ambiente, saúde e orientação sexual), que deveriam ser trabalhados de modo transversal nas disciplinas já existentes. Dois deles, pluralidade cultural e orientação sexual, abordavam o tema da cultura e falavam em "respeito" e "tolerância" cultural. Esse tipo de abordagem da cultura no currículo foi bastante criticado por se referir a um tipo de multiculturalismo pouco politizado, que reconhece a existência de múltiplas culturas no país e pretende abranger todos os grupos para que todos integrem à sociedade existente, numa espécie de assimilação da cultura dominante.

Os PNC foram fortemente identificados com os projetos de currículos nacionais elaborados em outros países, sobretudo Inglaterra, Estados Unidos e Espanha. As críticas aos currículos nacionais elaborados nesses países também subsidiaram as críticas feitas aos PCN no Brasil. Ou seja, a de que em nome de uma cultura comum termina-se por privilegiar a cultura dos grupos que exercem poder na sociedade. Além disso, a própria ideia de um currículo nacional é conflitante com a das concepções pós-críticas de currículos, já adotadas nas discussões curriculares brasileiras nesse período, que priorizam o local, o contexto, a luta por significados e representação, a diferença. Afinal, a proposta de currículo nacional é defendida com base na ideia da existência de valores comuns e de conhecimentos universais, que devem ser preservados

Currículos

e ampliados em nome de uma cultura nacional comum. Uma posição que no Brasil está bastante próxima daquela defendida pela vertente crítica da Pedagogia Crítico-Social dos Conteúdos.

Durante o próprio processo de elaboração dos PCN houve um intenso debate no campo curricular brasileiro sobre as dimensões culturais do currículo. Com base em toda a discussão que a virada cultural possibilitou no campo, já considerávamos que em sociedades como a do Brasil, marcadas por brutais desigualdades sociais e com tantas diferenças culturais, uma forma mais justa de discutir currículos seria o reconhecimento das desigualdades sociais e das diferenças culturais para incluir suas representações a seus significados no currículo, entendendo-o como espaço de política cultural. Esse reconhecimento é considerado imprescindível para, então, explorar nos currículos as lutas, os conflitos, as demandas e os significados dados a sua própria cultura por esses grupos que não exercem poder na sociedade.

Discutia-se também a própria impossibilidade de um currículo comum com objetivos comuns para a nação, já que é exatamente pela heterogeneidade cultural e pela desigualdade social existente no Brasil que cada grupo faz a leitura desse currículo nacional de acordo com seu contexto, com suas experiências culturais, criando, portanto, outras divisões, sem jamais conquistar a assimilação, a homogeneização ou padronização desejadas. Além disso, no debate travado no campo curricular brasileiro, nesse período, entendeu-se que o currículo escolar devia dar voz às culturas que foram sistematicamente excluídas, marginalizadas e até atacadas na escola, tais como: a cultura negra, indígena, infantil, juvenil, do campo, das periferias, das mulheres, dos grupos LGBTQIA+, da classe trabalhadora etc.

Apesar dos PCN terem sido instituídos ainda em 1997 (para o ensino fundamental) e em 1998 (para o ensino médio) e ter sido a referência curricular oficial no Brasil até a aprovação da Base Nacional Comum Curricular em 2017 (para o ensino fundamental) e em 2018 (para o ensino médio), as lutas em torno do currículo prosseguiram, como veremos nos próximos capítulos. Isso mostra que qualquer vitória ou derrota no campo curricular é algo transitório. Isso porque, como aprendemos com as teorias pós-críticas, o currículo é um campo contestado; é território de luta política e cultural; é artefato de fundamental importância nas nossas vidas porque é participante ativo da produção daquilo que somos, daquilo que queremos ser e daquilo que seremos.

Sugestões de leitura

CORAZZA, Sandra. O que faz gaguejar a linguagem da escola. In: ALVES-MAZZOTTI, Alda; CANDAU, Vera. (Orgs.). *Linguagens, espaço e tempos no ensinar e aprender*. ENDIPE. Rio de Janeiro: DP&A, 2000, pp. 89-103.

O artigo sintetiza diferentes contribuições que as teorias pós-estruturalistas trouxeram para a problematização da linguagem da escola. Várias dessas contribuições foram importantes para o desenvolvimento das teorias pós-críticas de currículo.

SILVA, Tomaz Tadeu da. *O currículo como fetiche*: a poética e a política do texto curricular. Belo Horizonte: Autêntica, 1999.

O livro faz um exercício de aplicação de alguns conceitos das teorias culturais contemporâneas ao campo da teoria curricular. Explora sobretudo os conceitos práticas de significação, representação e fetiche para experimentar uma abordagem pós-crítica de currículo.

Pós-colonialismo e relações étnico-raciais

A teoria pós-colonialista analisa as relações de poder entre as nações focalizando os efeitos duradouros do processo de colonização europeia e que fazem perdurar o imperialismo cultural, político, econômico e social de algumas nações e seus povos. Assim, os efeitos colonialistas, racistas e etnocêntricos são visíveis no conhecimento que faz parte do currículo, nos textos literários e nos diferentes materiais curriculares, tais como: livros didáticos, contos, histórias, literatura infantil e juvenil, imagens, textos acadêmicos, revistas em quadrinhos, filmes etc. Essa teoria se baseia nos estudos pós-coloniais que surgiram em universidades de países que já foram colonizadores, inicialmente elaborados por imigrantes que trabalharam em departamentos de crítica literária ou de estudos culturais.

Esses estudos iniciais apontaram para a necessidade de construção de novas epistemologias e perspectivas de análise sociocultural, de modo a valorizar os saberes de povos e etnias que provêm dos países periféricos e que não exercem poder. A teoria que subsidia essa vertente é, portanto, uma área de estudos interdisciplinares dedicada à análise dos efeitos persistentes dos domínios coloniais nos países ou regiões colonizadas e nas relações que perduram entre descendentes de colonizadores e colonizados. No campo curricular brasileiro, a *teoria pós-colonialista* é associada à *teoria étnica e racial do currículo*. Essas teorias combinadas colocam no centro das análises as relações de poder que permitem que a visão e a construção cultural do ocidente branco e de nações colonizadoras apareçam como cultura universal. Essas teorias permitem, assim, a compreensão do currículo como uma narrativa colonial, étnica e racial. A narrativa do currículo é considerada, para essa vertente teórica, um dos instrumentos para a permanência dos processos colonizadores, etnocêntricos racistas existentes na sociedade. Essa vertente teórica é considerada, portanto, fundamental para a desconstrução e a transformação desses processos.

Os primeiros livros comumente citados como importantes para a construção das bases da teoria pós-colonialista são: *Pele negra, máscaras brancas*, de 1952, *Os condenados da terra*, de 1961 (ambos de Frantz Fanon) e *Orientalismo: o Oriente como invenção do Ocidente*, de 1978 (de Edward Said) – os dois autores tratam de aspectos importantes, sentidos e experimentados, dos efeitos da colonização, do etnocentrismo, do racismo e das narrativas de povos culturais dominantes sobre os povos dominados. Ambos contribuíram para lançar outros olhares aos processos de domínio de algumas nações sobre outras, de umas etnias sobre outras, de continentes sobre outros. Suas contribuições continuam sendo usadas para a criação de novas epistemologias e outras leituras sobre as complexas conexões entre saber, subjetividade/identidade e poder estabelecidas no contínuo processo da história de dominação colonial.

No livro *Pele negra, máscaras brancas*, Frantz Fanon escreveu sobre os sentimentos de inadequação e dependência experimentadas pelas pessoas negras, que foram produzidos pelas pessoas brancas para a perpetuação da dominação, e que não se encerram com a colonização direta. Para Fanon, os brancos possuiriam enorme medo das pessoas negras instruídas e, por isso, colocariam em ação estratégias para apresentar os negros como inferiores, de modo a manter as pessoas negras presas em um sentimento de inferioridade dentro de uma ordem colonial. Além disso, os próprios negros instruídos – como ele próprio era – possuiriam uma autopercepção dividida, já que em sua educação são levados a usar os símbolos, a cultura e a linguagem de domínio do colonizador (as máscaras brancas), produzindo assim um senso de inferioridade em relação ao branco colonizador, já que se trata de alguém que perdeu sua origem cultural nativa e adotou a cultura de outra nação, a colonizadora.

Em *Os condenados da terra,* Fanon traça o panorama político, histórico, cultural e psíquico da colonização na Argélia e na África e aborda diretamente tanto os efeitos devastadores da colonização como a violência absoluta do processo de descolonização, que já opera em um mundo cindido e que reflete a divisão entre raças, entre colono e colonizado. A crítica ao processo de descolonização vivenciado à época é feita porque ela tentaria unificar esses dois mundos, o que, em sua concepção, é impossível, já que violenta o colonizado com sua cultura. Para Fanon, não há conciliação possível entre colonizador e colonizado, já que até mesmo os intelectuais colonizados esquecem a violência do colonialismo ao consumirem tudo que vem do colonizador, ao se alimentarem dos valores do mundo do colonizador.

Fanon critica a história contada pelos colonizadores com todo o processo de inferiorização e desumanização dos colonizados. Defende a necessidade de confrontar as narrativas do colonizado e do colonizador para libertar os países africanos. A obra de Fanon é de grande importância para a compreensão do racismo, que ultrapassa o domínio colonial e continua funcionando como um mecanismo de manutenção de diversas formas de privilégio em sociedades profundamente marcadas pelas desigualdades sociais.

Edward Said, por sua vez, discute, em *Orientalismo: o Oriente como invenção do Ocidente,* o processo de invenção do Oriente pelo Ocidente por meio da literatura, das artes e da ciência. Para o autor, uma geografia imaginada do Oriente foi construída por estudos filológicos, pelas artes, literaturas e ciências sociais. Essa invenção, com os discursos produzidos em torno dela, para Said, alimenta políticas imperialistas e colonialistas. Além disso, essa invenção força o Ocidente a definir o Oriente e o Oriente a definir o Ocidente por meio de contrastes: nós e eles; nosso e deles, Oriente e Ocidente. Said critica as generalizações feitas por essa invenção que agrupa povos e nações diversas do norte da África, dos países árabes, da Pérsia e do subcontinente indiano em um único grupo, aniquilando diferenças, homogeneizando culturas e as colocando em oposição a outro grupo composto por diferentes culturas, mas também tratado em bloco homogêneo.

O autor considera fundamental incluir as perspectivas dos sujeitos sobre os quais se fala, para evitar generalizações sobre povos e nações que hierarquizam e colonizam. Afinal, segundo Said, na invenção do Oriente pelo Ocidente, o Oriente é produzido e divulgado como místico, sexualizado, violento, ingênuo, bruto, incivilizado, dentre outros atributos imaginados. A obra *Orientalismo* foi importante para a construção da abordagem pós-colonialista sobretudo porque inspirou as análises coloniais e pós-coloniais com foco nas representações, e mostrou que as nações, as raças, as etnias e os continentes são invenções; são "comunidades imaginadas", constituídas sempre em relações de poder e por meio dos sistemas de representação.

Uma marca das análises pós-colonialistas é exatamente o das representações das nações, povos e regiões que não exercem poder, feitas em diferentes textos, e que servem para criar e divulgar como verdadeiras algumas narrativas interessadas, descrições e histórias que servem para dar continuidade ao imperialismo cultural e social de determinados países, regiões e grupos étnicos. O que interessa às analises pós-colonialistas é o fato de que, ao colocar foco nas representações, essa abordagem elege como seu objeto aquelas instâncias e formas sociais construídas discursiva e linguisticamente e que servem para perpetuar o domínio de povos, nações e culturas. Então, ao analisar as representações de nações, povos, etnias, colonizadores, colonizados, negros, brancos, índios etc., os estudos pós-colonialistas se afastam de uma análise fenomenológica – que buscaria responder: o que é na sua essência um colonizador ou um colonizado, um negro, um branco ou um indígena? – para se centrar nas formas pelas quais esses "termos" ou "objetos" são inventados, constituídos, construídos por meio de sistemas de significação. Buscam, portanto, responder: como o negro, o indígena e o branco ou o europeu, o africano e o brasileiro vieram a ser concebidos historicamente dessa forma e não de outra?

A teoria pós-colonialista do currículo, baseada nesses estudos, mostra que o conhecimento do outro, dos seus modos de viver e da sua terra sempre foram usados para os objetivos de conquista do poder colonial e continuam sendo usados até hoje nos currículos para hierarquizar nações, etnias e grupos culturais. O currículo é visto como um artefato de representação por excelência que faz parte do sistema de significação que inventa, divulgando sentidos sobre os diferentes grupos étnicos, sobre as nações e os continentes, com efeitos contundentes no processo de colonização. O currículo é entendido como um território usado para a manutenção do imperialismo econômico, político, social e cultural resultante desse processo de colonização que se dá por meio das representações e seus sistemas de significação.

Trata-se, portanto, de uma releitura da colonização como parte de um processo global que continua operando de modo a divulgar as narrativas eurocêntricas como modelo civilizatório universal. Nessa perspectiva, entende-se que as definições de "raça" e "nacionalidade" foram forjadas para a conquista e a expansão colonial, e continuam operando para o sistema de dominação se manter. Elas continuam servindo para impor, em termos de raça, etnia e nacionalidade, um pensamento dividido e hierarquizado nos currículos. Esse pensamento coloca os colonizadores, os seus descendentes, as suas etnias, os seus modos de viver e as suas nações em um lugar superior em relação aos colonizados. A teoria pós-colonialista do currículo analisa, portanto, os efeitos da colonização e da exploração econômica de alguns países sobre outros, de alguns povos sobre outros e que são evidentes no conhecimento, na cultura e no próprio pensamento educacional e curricular.

A teoria pós-colonialista do currículo analisa, sob diferentes ângulos, os efeitos e as consequências da colonização nas práticas culturais, na escrita, na pesquisa, no conhecimento, na literatura, e que encontram espaços nos currículos. Esses efeitos da colonização são entendidos como fundamentais para a continuidade da exploração econômica e do imperialismo cultural que subjugam nações e suas etnias. Daí a estratégia analítica da teoria pós-colonialista de analisar tanto as narrativas do colonizador como as do colonizado para mostrar que os modos de falar de si, de suas culturas e do mundo são diferentes, e também produz sentidos diferentes e desiguais sobre as nações e os povos. Afinal, a representação é um campo ativo onde os diferentes povos, grupos éticos e raciais e as diferentes nações e continentes a utilizam para forjar os seus significados e os do outro, a sua identidade e as identidades dos outros grupos culturais. É por meio da representação que se travam batalhas decisivas sobre a criação e a imposição de significados particulares.

As discussões pós-colonialistas, com sua ênfase na luta política por representação, são associadas na teoria curricular às teorias étnicas e raciais. Há nessa associação uma luta por um currículo anticolonialista, antirracista e antieurocêntrico. Para superar o racismo e o etnocentrismo, é necessário problematizar a "branquidade" oferecendo respostas para o combate ao privilégio do branco, produzido como modelo cultural. Apesar das controvérsias no meio acadêmico sobre adequação do uso dos termos *raça* e *etnia*, seguindo as discussões, indicações e lutas do movimento negro, a teoria étnica e racial do currículo considera a importância do uso tanto da noção de raça como de etnia nos estudos curriculares. Rejeita-se, assim, qualquer determinismo atribuído ao termo "raça", do mesmo modo que ao termo "etnia".

Nesse sentido, apesar de muitas vezes o termo "raça" ser usado para se referir a identificações baseadas nos aspectos físicos observáveis dos corpos, cor da pele, tipo de cabelo etc., e etnia ser usado para identificações baseadas em aspectos supostamente mais culturais, tais como língua, religião, modos de vida, valores etc., numa perspectiva pós-estruturalista e pós-colonialista os dois termos são considerados tendo existência real em termos culturais e sociais. Considera-se, assim, legítimo o argumento, sobretudo do movimento negro, de que muitas discriminações que as pessoas negras vivenciam no Brasil se dão não apenas por aspectos culturais, mas também pela relação que se faz entre esses aspectos e os atributos físicos socialmente observáveis nas pessoas.

Nesse sentido, as teorias étnicas e raciais do currículo usam os termos "raça" e "etnia" em suas análises e entendem que suas definições variam segundo o contexto e a época considerados, mas são igualmente importantes para as análises do currículo no Brasil atual. Afinal, os grupos étnicos e raciais que não exercem poder lutam por representação nos currículos e por produção e divulgação de outros significados para sua história, sua cultura e suas lutas. O currículo, território de luta por representação, é visto como um texto racializado, etnicizado e colonizado. Afinal, o texto curricular está recheado de narrativas nacionais, étnicas, raciais que celebram algumas nações, povos e etnias, confirmam os privilégios de grupos dominantes e tratam de povos e culturas das nações colonizadas e que não exercem poder como inferiores, folclóricas ou exóticas.

As teorias pós-colonialistas, étnicas e raciais do currículo no Brasil explicitaram a importância de entrar no jogo da representação e trazer para o currículo as narrativas dos grupos subalternizados, colonizados, dominados, fazendo com que outros significados culturais entrassem na disputa pela produção do discurso verdadeiro. Elas compreendem, por um lado, que a representação é política e disputada e, por isso, é fundamental no processo de produção de significados. Por outro lado, pensam no currículo como espaço de grande importância para essa luta por representação dos grupos negros e indígenas no Brasil.

As Leis nº 10.639/2003 e nº 11.645/2008, sancionadas pelo presidente Luiz Inácio Lula da Silva, que versam sobre a inserção da história e da cultura afro-brasileira e indígena nos currículos da educação básica, são conquistas dos movimentos negros e indígenas que lutaram por representação. Trata-se de ações afirmativas em que, ao incluírem obrigatoriamente, por um lado, a disciplina História da África e da Cultura Afro-brasileira (Lei nº 10.639, de 9 de janeiro de 2003) e, por outro lado, o estudo da História e da Cultura Indígena (acréscimo feito pela Lei nº 11.645, de 10 de março de 2008) em todas as escolas públicas e privadas da educação básica, alteram a LDBEN (Lei nº 9.394/96), em uma evidente vitória das lutas históricas empreendidas pelos movimentos negro e indígena no Brasil.

Embora as leis não garantam, por si só, o trabalho no currículo que essas temáticas demandam e necessitam, elas são conquistas importantes na luta por representação e por produção de significados. A luta por implementação dessas leis continua por meio de inúmeras frentes. Mas a sua existência já escancara que não há cultura comum sem subjugação ou silenciamento de culturas que não exercem poder, povos e nações, e por isso a centralidade que a luta por representação ganha nessa vertente teórica. Nessa luta por representação, com essas leis, são reconhecidos e valorizados os aspectos herdados da história do negro africano e dos indígenas nativos em nossa cultura local, fatores que contribuem para que os currículos possam contar outras narrativas, outras histórias que se contraponham às narrativas eurocêntricas que por tanto tempo dominaram as teorias e práticas curriculares.

As teorias pós-colonialistas, étnicas e raciais do currículo, portanto, analisam os discursos por meio dos quais o Ocidente branco e europeu (também masculino) constrói e apresenta a sua própria cultura e as suas formas de organizar o mundo social como universal, mais verdadeira, melhor e mais adequada. O currículo escolar é visto como estratégico não somente para mostrar esse processo, criticar o etnocentrismo e o racismo presentes nessas estratégias colonialistas, mas também para interromper os processos de manutenção dessas relações de poder étnico-raciais. Afinal, elas continuam colonizando pensamentos, culturas e sujeitos.

A introdução no currículo de narrativas descolonizadoras e de outras leituras sobre a África, sobre o Brasil, sobre as culturas afro-brasileiras e indígenas produzem efeitos na subjetividade das pessoas negras e indígenas. Outros grupos étnico-raciais, sobretudo os brancos, também usufruem dessas mudanças. Isso porque as pessoas brancas, ao ter acesso a essas outras narrativas, podem também compreender as relações de poder presentes na constituição da branquitude e dos privilégios que isso dá às pessoas brancas em detrimento dos demais grupos.

Com base nessas teorias pós-colonialistas é possível dizer que junto com a luta por representação deve-se evidenciar as estratégias usadas por colonizadores e seus descendentes para a manutenção do domínio.

Assim, junto com o ensino da História da África, dos africanos e indígenas e o trabalho com as culturas afro-brasileiras e indígenas – dando ênfase às lutas desses povos e suas criações culturais, artísticas, literárias, econômicas e sociais, em especial nas áreas de educação artística, literatura e história –, é importante encontrar estratégias para desconstruir os significados já instituídos e analisar nossos próprios *dizeres, quereres* e *fazeres* no currículo de um modo geral. Analisar textos, imagens, ditos e práticas que dificultam a autoridade das narrativas dos povos e nações que não exercem poder e o ensino e a aprendizagem de significados positivos sobre sua cultura são fundamentais para interromper as representações que exaltam o ideal de branqueamento e a consequente desigualdade étnica e racial existente no Brasil.

As teorias pós-colonialistas étnicas e raciais concebem o currículo, portanto, como um espaço no qual se pode questionar as complexas conexões entre saber, subjetividade e poder estabelecidas no contínuo processo da história de dominação colonial. O texto curricular conta histórias que confirmam o privilégio das identidades e subjetividades dominantes e tratam os povos e as culturas que não exercem poder como inferiores, exóticas. Ou sem importância. Isso porque os processos de colonização continuam operando de diferentes modos e por meio de diferentes estratégias nos próprios materiais curriculares. Afinal, a colonização diz respeito não somente ao processo de invasão direta, mas também à destruição do imaginário do outro e às inúmeras estratégias usadas para a ocidentalização do pensamento, da cultura e das pessoas. Nesse processo de continuidade da colonização – ou pós-colonização –, nos materiais curriculares, naturaliza-se a invasão europeia e a subalternização epistemológica do não europeu; produz-se um "esquecimento" dos processos históricos dos povos colonizados antes da invasão direta; desconsidera-se a pilhagem que foi e continua sendo feita da natureza e do conhecimento dos países colonizados; hierarquiza-se pessoas por raça, etnias, religião, cultura, local e tipo de moradias etc.

Várias análises de currículos evidenciam que, apesar de mudanças identificadas nos matérias curriculares (tais como livros didáticos, livros de literatura infantil e juvenil, filmes, histórias, contos, imagens divulgadas em cartazes, lembranças), nas últimas décadas no Brasil, são muitos os modos como os currículos continuam operacionalizando a colonização de pensamentos. Continuam fazendo subjugações, subalternizações, destruições, hierarquizações, culpabilizações, conformações de povos e suas culturas. Pessoas negras, indígenas, nordestinas, das periferias, do campo e da floresta continuam sendo preteridas e/ou inferiorizadas nos materiais curriculares, apesar de todas as resistências que articulam para impedir a expropriação de seus saberes e modos de vida.

As teorias pós-colonialistas étnicas e raciais do currículo subsidiam a formulação de perguntas problematizadoras desses materiais que podem contribuir para descolonizar o currículo e que trago aqui como exemplo de interrogações que podemos fazer, e algumas professoras já vem fazendo, a esses materiais curriculares. Afinal, no currículo, diferentes materiais acabam mobilizando um repertório de recursos retóricos, imagéticos, estilísticos para manter e fazer perdurar a colonização, a dominação e as desigualdades. Entendendo os materiais curriculares como uma linguagem produtiva, podemos, portanto, interrogá-los, pós-estruturalmente, sobre seus "dizeres", seus "quereres" e seus "fazeres". Me inspiro aqui, ao perguntar sobre o que esses materiais querem, naquilo que Sandra Corazza escreveu no livro *O que quer um currículo: pesquisas pós-críticas em educação*, publicado em 2001. Podemos formular perguntas que ajudem a descolonizar o currículo a todo e qualquer conteúdo e imagem de qualquer material curricular; perguntas problematizadoras e descolonizadoras que estranham os *seus dizeres*, tais como:

1) O que você *diz* que pode contribuir para prolongar os processos de colonização já evidentes no currículo, na mídia e no próprio conhecimento considerado verdadeiro? 2) O que você está *dizendo* aqui e agora sobre a vida, sobre as diferentes culturas, sobre os diferentes grupos étnicos? 3) O que você *diz* sobre a periferia (sobre as pessoas que nela vivem), sobre as pessoas que vivem na floresta e aquelas que vivem no centro urbano? O que você *diz* sobre esses espaços e sobre as pessoas que neles vivem? Estabelece hierarquias? Quais? Como? 4) O que você *diz* sobre a Europa e outros países ricos? 5) O que você *diz* sobre o Brasil, a Amazônia, sobre os países africanos, sobre os países da América Latina

e sobre as diferentes nações? 6) O que você *diz* para apresentar alguns modos de vida, de habitação, de locomoção e de conhecimentos como bons, adequados, modelos? 7) O que você *diz* sobre problemas do nosso tempo, tais como: a pobreza, a fome, a exploração, a expropriação, o agronegócio, o massacre aos indígenas, o racismo de Estado, os assassinatos sufocantes de pessoas negras e pobres? 8) O que você *diz* sobre as guerras, as doenças, a corrupção, os conflitos religiosos, a mineração desastrosa, a destruição da natureza, as ganâncias das grandes corporações que só acumulam lucro, depredam o meio ambiente e destroem vidas? 9) O que você *diz* sobre as mulheres negras, indígenas e de nações subalternizadas, e sobre as suas lutas por uma outra epistemologia que incorpore seus interesses, experiências e valores? 10) O que você *diz* sobre as mulheres indígenas, negras, as subalternizadas, as que vivem nas periferias? 11) O que você *diz* sobre os quilombos brasileiros? 12) Você *diz* em seu texto sobre as tramas de poder que fizeram com que, durante tanto tempo, ao narrarmos a história do Brasil, falássemos em escravidão e não em povos escravizados, em descoberta do Brasil, e não invasão do Brasil?

Com perguntas desse tipo, estranhamos aquilo que parecia conhecido e aceito nos diferentes materiais curriculares. Ao estranhar os *dizeres* comuns nos currículos, dizeres que para a epistemologia moderna parecem óbvios, deslocam-se prioridades, interrogam-se saberes, conectam-se discursos de diferentes campos e grupos, proporcionando conversas culturais e epistemológicas sem hierarquizá-las. Isso porque, sendo o currículo uma linguagem, apesar de seus dizeres serem produtores daquilo que ele enuncia, as palavras que utiliza para nomear as coisas disputarão sentidos com outros sistemas, com outros materiais e discursos – com os discursos de grupos étnicos que não exercem poder, com os discursos dos movimentos negros e indígenas, com os discursos pós-colonialistas, por exemplo. Afinal, o currículo, nas vertentes das teorias pós-colonialistas, étnicas e raciais, é entendido como um artefato dotado de um discurso arbitrário e que faz parte da luta pelo discurso verdadeiro. Seus *dizeres* se constituem apenas algumas das muitas maneiras de formular o mundo e de atribuir-lhe sentidos.

Ao estranhar os *dizeres* do currículo, podemos formular perguntas sobre os seus *quereres*. Certamente perguntas sobre *o que querem* os materiais curriculares, com aquilo que eles *dizem,* pode ser uma importante estratégia para problematizar e descolonizar o currículo. Assim, podemos formular perguntas sobre os *seus quereres*, tais como:

1) O que você *quer* com isso que diz sobre as diferentes infâncias negras, indígenas e brancas? 2) O que você *quer* com isso que diz sobre os povos escravizados, sobre as pessoas negras e indígenas do Brasil? 3) O que você *quer* quando divulga esses sentidos sobre os países africanos, sobre os países latino-americanos e sobre os países europeus? 4) Que culturas você *quer* apresentar como verdadeiras, como aquelas que devem ser assimiladas? 4) Que culturas você *quer* que sejam respeitadas ou toleradas? Quem, nesse caso, pode respeitar e tolerar e quem deve ser respeitado e tolerado? 5) Que tipo de vida você *quer* divulgar como boa, adequada, desejada? 6) O que você *quer* divulgando esses tipos de habitações como modelo? 7) O que você *quer* quando seleciona um tipo de família para divulgar como família adequada? 8) O que *quer* com tantos silêncios tramados nos seus textos sobre trabalhadores negros explorados, sobre indígenas perseguidos, sobre a espoliação da terra por mineradoras, sobre a ganância de capitalistas selvagens e sobre as ricas culturas negra e indígena? 9) Que tipo de sujeito você *quer* produzir quando elege esses dizeres e essas imagens para divulgar? 10) O que você *quer* com esses sentidos sobre o social, o político, o cultural, o ético e o estético que produz e divulga? 11) Que projeto de sociedade você *quer* operacionalizar? 12) Que significados étnicos, raciais e nacionais você *quer* apresentar como verdadeiros?

Interrogar os *quereres* dos materiais curriculares na perspectiva das teorias pós-colonialistas étnicas e raciais pode ser um procedimento estratégico importante para descolonizar o currículo. Afinal, perguntas em torno de *o que quer* a sua linguagem podem tornar explícitas as tramas da significação usadas no texto para fixar, ensinar e manter a lógica colonialista, racista, etnocêntrica e capitalista. Afinal, interrogar os materiais curriculares assim é considerá-los artefatos criados, fabricados, feitos, modelados, sempre envolto em relações de poder que estão na luta por representação e por produção de significados. Interrogar os seus *quereres* possibilita explicitar que eles têm sempre vontade de sujeito, e para descolonizá-los necessitamos saber que sujeito é esse que eles desejam produzir. Interrogar sobre *o que quer* possibilita explicitar que os materiais curriculares têm vontade de verdade. Mas que verdade é essa? Como os discursos que divulgam vieram a fazer parte do verdadeiro?

Problematizações e interrogações como essas podem ser de importância estratégica para, na sequência ou concomitantemente, perguntamos sobre os *fazeres* dos materiais curriculares e sobre os *nossos fazeres* na educação com esses materiais. Assim, podemos formular perguntas aos materiais curriculares sobre *o que eles fazem* com seus dizeres e quereres, e o que nós *podemos fazer* com eles, tais como:

1) O que você *faz* com a vida, em seu texto? 2) O que você *faz* aparecer no currículo sobre etnias, culturas, ecologia, diferença, direito à educação, à saúde e à vida, capitalismo, guerras, exploração, violências, vida-morte, lutas dos negros e indígenas, conquistas, opressões, destruições do meio ambiente, temas vitais que necessitam ser reescritos e problematizados se quisermos construir um outro mundo que prioriza todas as vidas? 3) O que você *faz com* os diferentes que estão nas nossas ruas, casas e escolas lutando por suas existências? 4) O que você *faz com* as iras de grupos – colonialistas, etnocêntricos, racistas, fascistas, reacionários – que reagem a nossas conquistas sociais, raciais e étnicas de longos anos de lutas, e investem para desfazê-las, destruí-las, defendendo "escola sem partido" e neutra? 5) Seu texto *faz* esse ódio à vida aparecer se contrapondo a uma *ética da hospitalidade* como saída para o acolhimento e para a preservação de todas as vidas? 6) O que você *faz* com essa aliança entre neoliberalismo financeiro e grupos reacionários e conservadores que mostram total desprezo pela vida de tanta gente? 7) Você *faz* aparecer em seu texto as tramas históricas que nos colonizaram e continuam colonizando? 8) O que você *faz* com o racismo e o antifeminismo de Estado que se instauraram no Brasil no governo do ex-presidente Bolsonaro? 9) Você *faz* aparecer os discursos racistas e nacionalistas que se espalharam por vários países, para problematizá-los

e interrogá-los? 10) Você *faz* uma criança negra sentir possibilidades de se ver como anjo, como bela e podendo viver a vida que desejar? Ou você *faz o racismo dançar,* desconstruindo os sentidos colonialistas que produziram os anjos como brancos? 11) O que você *faz* com os sofrimentos expressos de crianças negras e indígenas que se sentem estrangeiras, estranhas e inadequadas, após ver inúmeras imagens de sua raça e etnia em posições subalternizadas e inferiorizadas? 12) O que você *faz* com os choros e lamentos de mães e pais negros e negras que veem a vida de seus filhos ameaçada ou interrompida pela violência de classe, raça e etnia? 13) Você *faz ver* que o conhecimento dominante é claramente branco e desvaloriza as características ligadas aos interesses, às experiências e aos modos de vida dos negros e indígenas?

Por fim, ao indagarmos sobre os *dizeres,* os *quereres* e os *fazeres* dos materiais curriculares, tornaremos estranho aquilo que nos parecia familiar. Tornaremos evidente que o currículo expressa e divulga significados, em cada texto, em cada imagem, conceito, exemplo, exercício; em cada problema que seleciona e divulga. Cada silêncio passa a ser problematizado como importante na trama de um texto e na prática de significação. Mas como a significação daquilo que enuncia está sempre suspensa à espera de sentidos, ao problematizar *o que quer, diz e faz* o currículo com todos os textos que seleciona e usa, preparamo-nos para analisar nossos *dizeres, quereres e fazeres* na educação e nos currículos. Afinal, os materiais curriculares podem ter muitos dizeres, mas o que nós professoras *diremos com* ele? O que nós *queremos com* ele? O que *podemos fazer com* ele ou com o que ele diz, quer e faz?

Na perspectiva pós-colonialista do currículo, o texto curricular é visto como artefato estratégico para continuar ou para interromper esse processo de colonizar pensamentos, saberes e sujeitos que tem como referente o europeu (macho, branco, heterossexual, urbano, de religião cristã, de classe média ou alta) e o seu modo de vida. Resistir a esse processo demanda impedir que os currículos destruam ou silenciem os saberes, as lutas e os modos de vidas das nações, os povos e grupos colonizados, como vêm fazendo, insistentemente, mesmo com todas as mudanças epistemológicas que vivenciamos já há algumas décadas. Resistir a tudo isso demanda, por fim, entrar no jogo das lutas pela representação e pelo significado para descolonizar o currículo e forçá-lo a contar outras narrativas, outras histórias, outros saberes. Afinal, como aprendemos com as teorias pós-colonialistas, éticas e raciais, o currículo é um texto étnico e racial que pode colonizar ou efetivar estratégias de descolonização.

Sugestões de leitura

CORAZZA, Sandra Mara. *O que quer um currículo?* – Pesquisas pós-críticas em educação. Petrópolis: Vozes, 2001.
O livro apresenta resultados de pesquisas pós-críticas desenvolvidas pela autora e é nele que me inspiro para formular perguntas em torno dos dizeres, dos quereres e fazeres sobre raça, etnia e colonialidade dos currículos.

GOMES, Nilma Lino. A questão racial na escola: desafios colocados pela implementação da Lei nº 10.639/03. In: MOREIRA, Antônio Flávio; CANDAU, Vera. *Multiculturalismo, diferenças e práticas pedagógicas.* Petrópolis: Vozes, 2008, pp. 67-89.
O artigo expõe a problemática em torno das discussões raciais na escola, apresenta as conquistas do movimento negro que resultaram no sancionamento da Lei nº 10.639/03, que tornou obrigatório o ensino da história e da cultura africana e afro-brasileira na escola e discute os desafios que a implementação da lei enfrenta no Brasil.

MEYER, Dagmar. Das (im)possibilidades de ser ver como anjo... In: GOMES, Nilma Lino; SILVA, Petronilha Gonçalves (Orgs.). *Experiências étnico-culturais para a formação de professores.* Belo Horizonte: Autêntica, 2002.
Inserido nas análises pós-estruturalistas, o artigo discute os efeitos da linguagem na subjetividade. Tomando como exemplo um episódio de uma criança negra pequena que não queria mais ir à escola porque havia descoberto que não podia ser um anjo, o artigo explora a importância dos textos e das imagens usados no currículo escolar.

Feminismos, relações de gênero e sexualidade

A vertente da teoria curricular que trabalha com *feminismos, relações de gênero e sexualidade* entende que o currículo é um artefato no qual raciocínios pedagógicos e culturais generificados e sexualizados são operados cotidianamente, produzindo uma variedade de ensinamentos que colocam em desvantagens, oprimem e produzem sofrimentos para estudantes e professoras que não apresentam uma correspondência entre o seu sexo biológico, o seu gênero e o seu desejo (ou a sua sexualidade). O currículo é considerado um artefato que é não somente patriarcalista e machista, mas também muitas vezes heteronormativo e homofóbico. Isso porque ele é pensado por homens, com a lógica masculina e com a predominância de saberes patriarcais, de modo a manter e reforçar o domínio masculino na sociedade. Ao mesmo tempo, ele divulga a heterossexualidade como a única possibilidade de viver a sexualidade.

O currículo, ao operar assim, aceita ou incentiva o medo, o ódio, a aversão e a repugnância a pessoas homossexuais, lésbicas, bissexuais, transexuais e a todas as que vivem sua sexualidade de modo diferente da heterossexualidade. Há uma aversão a todas as pessoas que não se identificam com o gênero binário (masculino e feminino). A transexualidade não é sequer lembrada no currículo. Transexual é o nome dado a uma pessoa que não se identifica com as atribuições dadas ao sexo biológico com o qual nasceu. Essas pessoas têm sido "apagadas" dos currículos e, quando elas mesmas se mostram ou falam de si nas escolas, costumam ser discriminadas, estereotipadas, excluídas.

O patriarcalismo, que dá base para opressões de gênero e sexualidade, é o sistema social baseado em relações, estruturas e culturas que favorecem os homens, especialmente o homem branco, cisgênero (que é a pessoa que se identifica com o sexo biológico com o qual nasceu) e heterossexual. Quando o currículo, de diferentes modos, efetiva práticas generificadas e homofóbicas, produzem-se hierarquias e desigualdades, e processos de marginalização de gênero e sexualidade são aprofundados, dificultando o aprender e o viver de algumas pessoas nas escolas.

Assim, essa vertente da teoria curricular, que trabalha com feminismos, relações de gênero e sexualidade, mostra como elementos patriarcais, heteronormativos e homofóbicos dos currículos dificultam a vida de muitas pessoas que dependem do currículo (e da escola) para viver, já que pode ser o único território em que essas pessoas podem receber acolhimento em vez de opressão e ódio. O currículo é fundamental na luta pela desconstrução dos discursos e dos significados que produzem a norma, que discriminam e excluem. É importante, também, para se praticar o acolhimento da diferença, pois é espaço que pode contar outras narrativas e histórias sobre as mulheres, sobre os gêneros não binários e sobre a sexualidade. Currículo é concebido, portanto, como uma prática que pode reforçar a generificação binária, a heteronormatividade e a homofobia ou implementar estratégias para desfazer as relações de gênero excludentes e desarranjar divisões e normalizações que hierarquizam e produzem desigualdades de gênero e sexualidade.

Essa discussão curricular busca subsídios na teorização feminista, nos estudos de gênero e nos estudos *queer* que desenvolveram vários conceitos e noções importantes para a compreensão das relações do currículo com gênero e sexualidade. O entendimento das discussões sobre essas teorias é importante também para a compreensão dos embates que o tema trava hoje no Brasil, inclusive nas definições das políticas curriculares. Afinal, com os grupos antigênero, o tema foi colocado na ordem do discurso educacional e curricular brasileiro, como mostrarei ainda neste capítulo. Ele se faz presente em discursos proferidos por professoras, famílias, políticos, diferentes profissionais da educação e da mídia, religiosos etc. Gênero está na ordem do discurso. Mas ele não é proferido de forma adequada para construir uma educação inclusiva, que acolha e que ensine para o exercício da cidadania e para a justiça social.

As teorias feministas – mesmo com suas diferentes vertentes, com suas transformações ao longo do tempo e com os deslocamentos e as mudanças conceituais que fizeram em suas análises desde os anos 1960 – estiveram sempre preocupadas com as relações de poder entre homens e mulheres, que hierarquizam, inferiorizam as mulheres e mantêm a lógica patriarcal, produzindo e reproduzindo desigualdades. Se no período entre as últimas décadas do século XIX e as primeiras do século XX assistimos ao que se convencionou chamar de *primeira onda do movimento feminista*, que reivindicava sobretudo os direitos políticos das mulheres – direito ao voto, participação na vida pública e o ingresso das mulheres em todos os tipos de trabalho –, no período que vai dos anos 1960 até os anos 1990, tivemos o que se convencionou chamar de *segunda onda do movimento feminista*. A luta passou a ser para que as mulheres tivessem acesso aos bens materiais e simbólicos da sociedade, por seus direitos reprodutivos e pela liberdade sexual.

Com o lema "o pessoal é político" – criado pela feminista Carol Hanisch e que se refere àquilo que acontece no âmbito pessoal como algo que é também de interesse do coletivo, do social e do político e, portanto, é prática social adequada para reflexão, discussão e expressão públicas –, a luta feminista surgiu para explicitar e discutir as diferentes opressões e desigualdades vividas pelas mulheres em diferentes espaços, inclusive no próprio lar e se espalhou por diferentes partes do mundo. Essa segunda onda repercutiu de forma contundente na teorização das ciências sociais e humanas, de um modo geral, e nas teorias educacionais e curriculares, de modo particular. Há, nessas discussões, a busca pelo entendimento das estruturas que oprimem as mulheres e das relações de poder intrínsecas a essas estruturas e instituições.

O conceito de gênero é introduzido nas análises sociais, ganhando enorme repercussão acadêmica e fazendo com que homens, embora em menor proporção, também discutissem as desigualdades de gênero. Os estudos de gênero ganharam tanta visibilidade que se tornaram uma vertente de análise dentro do feminismo. Esses estudos também fazem o questionamento da categoria "mulher", muito usada nas discussões feministas, como sendo essencializadora. Aos poucos, muitos grupos de estudos e pesquisas sobre as mulheres, em diferentes universidades, vão se transformando em estudos de gênero. Gênero é, então, um conceito desenvolvido para contestar a naturalização da diferença sexual em diferentes terrenos de luta.

Inicialmente, os estudos de gênero fizeram uma distinção entre sexo e gênero. Explicavam que sexo se refere ao aspecto físico de uma pessoa; às distinções anatômicas e biológicas entre homens e mulheres. Nesse sentido, algumas pessoas nascem com o sexo feminino (a vagina), outras nascem com o sexo masculino (o pênis), e outras intersexos ou intersexuais – que são aqueles casos raros em que as pessoas nascem com genitais ambíguos ou ausentes. Então, o sexo é uma distinção biológica dos corpos. Gênero, por sua vez, refere-se aos aspectos sociais atribuídos ao sexo; aspectos que são construídos histórica, cultural e socialmente. Nesse sentido, gênero é uma construção histórica, social e cultural dos corpos, que se faz sempre em relações de poder. Os indivíduos constroem-se como homens ou mulheres, relacionalmente, em diferentes espaços, por meio de diferentes discursos e experiências que mudam ao longo do tempo e dependendo do contexto. O gênero, portanto, se refere a tudo aquilo que foi definido ao longo tempo e que a nossa sociedade entende como comportamento esperado de alguém com base em seu sexo biológico.

Essa separação entre sexo/biológico e gênero/cultural é questionada na contemporaneidade por algumas perspectivas teóricas, sobretudo pelos estudos *queer* e pelo feminismo pós-estruturalista. Essas abordagens argumentam que a divisão entre os sexos é também discursiva e socialmente construída, do mesmo modo que o gênero. Gênero, então, é entendido como todas as formas de construção social, linguística e cultural com efeitos na diferenciação de homens e mulheres. Inclui o sexo como uma construção social e considera que a noção de sexo biológico – também divido em dois, masculino e feminino, e equiparado ao gênero – foi responsável por silenciar corpos que não se encaixam naquilo que entendemos por corpos masculinos ou femininos, como os intersexos, por exemplo, que apresentam variações genéticas não correspondentes completamente ao sexo masculino ou feminino. Essa divisão binária é, portanto, uma construção social excludente e que, consequentemente, impede a compreensão de gênero para além do masculino-feminino.

Por ser uma construção social que se dá na relação, que muda de uma cultura para outra, dependendo do contexto, o gênero é mutável. Trata-se, portanto, de um conceito em construção. Essa compreensão sobre a mudança naquilo que entendemos como sendo do gênero feminino ou masculino produz reações, medos, fobias que levaram à necessidade de se discutir gênero de modo articulado com a sexualidade. É pela fobia, pelo medo irracional em relação à construção social dos gêneros que discursos reacionários contemporâneos tentaram destituir gênero de sua qualidade científica. Por meio de diferentes estratégias, investem para apresentar a divisão dos gêneros como natural (e não uma construção cultural e social) e a heterossexualidade como a única possiblidade de vivência da sexualidade.

Contudo, todo esse investimento mostra exatamente a importância que os estudos feministas sobre o gênero adquiriram na contemporaneidade. Fica evidente, então, que o entendimento do gênero como uma construção histórica, social e cultural dos corpos foi de grande importância para a compreensão do processo de construção de diferenças e desigualdades e para o aumento da densidade das teorias de gênero e de sua visibilidade. Esses estudos foram importantes também para a expansão e o aprofundamento das discussões sobre o feminismo e para as lutas por inclusão e representação de diferentes grupos e suas culturas em diferentes espaços, inclusive no currículo escolar.

Com esse aprofundamento teórico e a ampliação do feminismo, as diferenças existentes no interior do movimento e da teoria feminista levaram a uma discussão sobre "a diferença dentro da diferença", isto é, as diferenças e também as desigualdades existentes no interior do próprio grupo das feministas. Passou-se a falar em "feminismos", para expressar as especificidades e diferenças no interior do movimento. Fala-se aqui, então, a partir dos anos 1990, de uma *terceira onda do movimento feminista*, e que alguns chamam de *feminismo da diferença*.

Mulheres lésbicas, da classe trabalhadora, de países colonizados e, principalmente, negras mostram que a maioria das autoras e das militantes feministas da segunda onda ainda eram brancas, de classes mais altas e, muitas vezes, inseridas nas universidades. Suas análises eram consideradas insatisfatórias para outros grupos de mulheres, que reivindicavam que características específicas de suas lutas também fossem contempladas e inseridas nas análises. Essas feministas entendiam que as diferenças – de classe social, raça/etnia, nacionalidade e sexualidade existentes entre mulheres –, eram constitutivas de suas experiências e decisivas para a compreensão da sua opressão. O conceito de *interseccionalidade* – que é a interação entre dois ou mais fatores sociais ou categorias que definem uma pessoa – é usado como uma ferramenta analítica para que mulheres que vivem tipos diferentes de opressão – de raça, etnia, classe, sexualidade, nação, localização geográfica, idade etc. – pudessem analisar sua condição, reconhecendo as diferentes experiências das mulheres, sem homogeneizar o grupo de mulheres feministas.

Após essa terceira onda, os estudos feministas, de gênero e sexualidade se tornaram majoritariamente pós-estruturalistas. Focam na desconstrução dos significados fixos de gênero e sexualidade, na instabilidade e possibilidade de transformação das subjetividades, na análise do funcionamento das normas que dificultam novos modos de subjetivação nos campos do gênero e da sexualidade, nas discussões das contingências, dos contextos e da diferença. O sexo passa a ser entendido como discursivo e cultural, tal como o gênero. Gênero e sexo, então, são considerados, igualmente, construções sociais históricas produzidas sempre em relações de poder. Essa perspectiva busca romper com a divisão que foi feita entre natural e social, sexo e gênero, humano e máquina, material e social etc., para mostrar que essas divisões são artificiais, porque na realidade se encontram interligadas e seus polos são dependentes uns dos outros. Essa perspectiva de gênero pós-estruturalista mostra que essas oposições são construções sociais que excluem e que produzem hierarquias. Gênero e sexo são vistos por essa abordagem como produções discursivas que excluem todos que não se encaixam na definição de gênero binário (homens e mulheres) e de sexo (feminino e masculino). Essa compreensão lança as sementes para os *estudos queer*, que se desenvolveram mais amplamente nas primeiras décadas do século XXI.

As produções das teóricas feministas pós-estruturalistas Judith Butler e Donna Haraway foram de grande importância para a problematização daquela distinção anterior entre sexo e gênero. Afinal, os estudos *queer* buscam interrogar as exclusões que a oposição binária de gênero, homens x mulheres, fazem. Essas teorias colocam em foco outros grupos que vivem seu gênero e sua sexualidade de outros modos que não o gênero binário (masculino e feminino) ou a heterossexualidade (tais como: gays, lésbicas, bissexuais etc.).

Com o uso dos conceitos do pós-estruturalismo, nos *estudos queer e feministas*, passamos a entender o gênero como uma norma, um mecanismo através do qual são produzidas e naturalizadas as noções de masculino e de feminino, e a partir dessas noções se excluem ou são apresentadas como abjetas aquelas pessoas que não se encaixam nesses gêneros binários.

Também entendemos que as relações de gênero e sexualidade têm como motor um raciocínio baseado na heterossexualidade compulsória e em uma norma que opera para garantir ao mesmo tempo um gênero correspondente a um sexo e a uma sexualidade heteronormativa. Passamos a compreender que nos constituímos como mulheres e homens de modo relacional, provisório e por meio de minuciosos investimentos sobre nossos corpos e nossas subjetividades. Trata-se de uma produção que se dá por meio de normas instituídas, citadas e repetidas de diferentes modos e em vários espaços, inclusive no currículo escolar. Ela institui diferenciações, mas também hierarquias, exclusões e desigualdades. E, dessa forma, dificulta a vida de muitas pessoas e opera para tornar algumas vidas inviáveis ou "invivíveis".

Nesse sentido, os estudos *queer* colocaram em foco os processos que desestabilizam, subvertem e contribuem para emancipar as questões relacionadas com a sexualidade e o gênero. Tornaram-se um campo de questionamento da estabilidade da identidade sexual e de análise dos regimes de poder que instituíram e mantêm os modelos heteronormativos de sexualidade. A heteronormatividade refere-se a um conjunto de disposições, discursos, materiais, imagens e práticas por meio dos quais a heterossexualidade é instituída e divulgada como uma norma; como a única possibilidade de expressão sexual e de gênero. Ela visa regular e normatizar os modos de viver os desejos corporais e a sexualidade, e opera com base no raciocínio de que existem naturalmente dois sexos (masculino e feminino) que devem se traduzir, de maneira correspondente, em dois gêneros (homens e mulheres) complementares e em modalidades de desejos igualmente ajustadas a essa lógica binária: a heterossexualidade.

Toda essa discussão trazida para o campo curricular ampliou a sua teorização. Inicialmente os estudos feministas forçaram a teoria crítica de currículo a ampliar seus leques de análise da desigualdade para incorporar o gênero nas explicações do funcionamento das desigualdades. Mostraram que as relações de poder, reproduzidas no currículo escolar, são estruturadas não somente pelo capitalismo, mas também pelo patriarcado. As desigualdades de acesso aos recursos materiais e simbólicos entre homens e mulheres, o silêncio da história das mulheres nos currículos, a representação desigual de meninas e mulheres nos materiais curriculares foram apontados como problemas que fazem do currículo um artefato masculino e machista, e produtor das desigualdades de gênero.

Com base nessas discussões, a vertente da teoria curricular que trabalha com os diferentes feminismos, relações de gênero e sexualidade explicitou que mesmo as mulheres tendo sido sempre agentes ativas da história, há um silêncio sobre elas na história oficial presente nos currículos. Essa teoria discutiu as formas de submetimentos, hierarquias e desigualdades das mulheres em diferentes textos e imagens que circulam nas escolas e são usadas nas diferentes práticas curriculares. Tal vertente mostra ainda como esses mecanismos culturais e sociais envolvidos na construção de homens e mulheres, assim como a luta feminista pela igualdade de direitos, eram silenciados nos currículos.

Seguindo o próprio aprofundamento das teorias feministas e de gênero, essa vertente da teoria curricular mostrou que o gênero é não apenas um *campo* epistemológico *de silêncio do currículo,* mas também funciona como um organizador social, da cultura e, portanto, do próprio currículo. A teoria apontou que os raciocínios pedagógicos operados nos currículos são generificados, o que ocasionou uma infinidade de desvantagens para aquelas que não apresentam uma correspondência entre sexo, gênero e desejo. O currículo passa a ser visto como um artefato que, em sua relação com gênero e sexualidade, pode ajudar a viver ou a tornar a vida de muitas pessoas uma "vida invivível", como nomeou a filósofa *queer* norte-americana Judith Butler.

Inspirados na "virada cultural" pós-estruturalista, no campo do currículo, passou-se a analisar as diferentes culturas também no campo do gênero e da sexualidade, tais como: culturas das mulheres, cultura trans, cultura masculina, cultura gay, cultura lésbica, cultura homossexual e até cultura *queer.* Essas análises dos diferentes gêneros e dos vários modos existentes de vivenciar os desejos e as sexualidades produzem modos de vida diferentes que precisam ser acolhidos no currículo escolar. Além disso, analisam-se as políticas da coalizão ou da aliança praticadas por esses grupos culturais que não exercem poder para se unirem e lutarem por seus direitos, por representação nos currículos e, sobretudo, por suas vidas e por seus modos de existir.

A virada linguística pós-estruturalista também foi fundamental para a vertente que trabalha com os diferentes feminismos, as relações de gênero e sexualidade compreender os gêneros e as sexualidades como dimensões da cultura, sempre envoltas em relações de poder e que foram produzidas discursivamente e divulgadas nos currículos como fixas. Os significados de gêneros e de sexualidades são disputados também nos currículos. E se foram, histórica e culturalmente, produzidos de modos fixos, binários e excludentes, é possível realizar operações a fim de desconstruir essa trama de signos, essa teia de códigos e abrir esses campos a outras construções e a outros sentidos e significados. Necessitamos, para iniciarmos esse processo, abrir nossos corpos para os diferentes sentidos existentes; para a diferença.

O currículo pode contribuir para a desconstrução binária dos gêneros e das sexualidades. Pode auxiliar a pensar as artimanhas dos e nos textos que colocam alguns gêneros no centro e os outros na periferia, porque são considerados (ex)cêntricos. Pode ajudar a compreender as estratégias de poder que silenciam, julgam e excluem possibilidades de sexualidades e de vivências dos nossos desejos. Problematizando a linguagem e a cultura, tanto desconstruindo-as como buscando as suas condições de emergência, pode-se evidenciar suas tramas e estratégias na produção do pessoal, do político e do próprio texto. Pode-se mostrar as suas exclusões internas e as artimanhas da produção dos gêneros e das sexualidades consideradas culturalmente válidas.

Importante lembrar que vivemos um antifeminismo e uma homofobia de Estado que deixa marcas nas nossas percepções, nas nossas relações e nas políticas de currículo. Isso torna esses temas ainda mais importantes nas teorias e nas políticas de currículo. Afinal, o antifeminismo e a homofobia de Estado instalam ódios, medos, silenciamentos, exclusões e perseguições. Fazendo parte do processo de generificação e sexualização existentes em diferentes discursos, no currículo também se naturaliza a divisão hierárquica dos gêneros entre feminino e masculino. Exclui-se qualquer possibilidade de vida que não se adeque a essa divisão. Produz-se uma espécie de esquecimento dos processos históricos que dão conta de outras possibilidades de vivência das sexualidades e dos gêneros; de sociedades não patriarcais. Desconsidera-se a fabricação da subalternização das mulheres e a fabricação da heteronormatividade. Hierarquiza-se pessoas por gênero e sexualidades. Apesar das mudanças ocorridas nas discussões acadêmicas sobre currículo, gênero e sexualidade nas últimas décadas, no Brasil, os currículos continuam operacionalizando a heteronormalização de pensamentos, as subjugações de gênero e sexualidade, as hierarquizações de sujeitos e suas culturas, fazendo o aprisionamento da diferença e o apequenamento da vida.

Por um lado, foi uma visão tímida sobre gênero e sexualidade, atravessada por um discurso de medo da gravidez indesejada entre adolescentes e da infecção pelo HIV (vírus da aids), que fez com que nos Parâmetros Curriculares Nacionais (PCN) a orientação sexual fosse incorporada como um Tema Transversal. Foi elaborado em documento intitulado "Orientação Sexual" e publicado separadamente dos outros documentos das disciplinas. Cabe destacar que a teoria curricular já mostrou a fragilidade de Temas Transversais em um currículo disciplinarmente organizado. Afinal, um tema transversal, que deveria atravessar todo o currículo e, portanto, ser ensinado em todas as disciplinas, corre o risco de não ser ensinado, já que pode ser que nenhuma disciplina se responsabilize pelo seu ensino. Aquilo que deve ser para todos pode, conforme o contexto, ser obrigação de ninguém.

Além disso, nos PCN, a sexualidade entrou no currículo mais pelo medo da morte do que pela luta por vidas. Não foi para discutir as diferentes formas de vivência da sexualidade que gênero e sexualidade ganharam espaço nos PCN como um tema transversal. Também não foi para discutir a sexualidade como formas de afeto, de vivenciar o desejo, o prazer e a vida. Entraram nos PCN como um tema transversal para discutir as formas de evitar a gravidez indesejada e a infecção pelo HIV.

Por outro lado, foi o antifeminismo e a homofobia de Estado que se instalaram no Brasil nos últimos anos que fizeram com que gênero e sexualidade desaparecessem do currículo nacional oficial, a Base Nacional Curricular Comum. Grupos antigênero, instalados no Estado, fizeram alianças e atuaram em várias frentes para impedir qualquer discussão de gênero e sexualidade no currículo escolar. Políticos de partidos da direita, sobretudo PSC, PTB, PL e PR, apresentaram vários projetos de lei no Congresso dos Deputados e no Senado para proibir as discussões de gênero e sexualidade nos currículos e para punir professoras (com prisão) que trabalhassem o tema. Membros da ala conservadora da Igreja Católica (sobretudo da ala denominada Renovação Carismática e do *Opus Dei*) se aliaram com pastores e membros de Igrejas evangélicas e com membros da Maçonaria para fazer e distribuir cartilhas para os fiéis, produzir vídeos, blogs e sites na internet que distorciam as teorias de gênero e amedrontavam as famílias, colocando-as contra professoras que trabalhavam o tema.

Além disso, o grupo Escola Sem Partido se uniu a todos esses grupos no ataque ao tema. Eles pressionaram para que o MEC retirasse da BNCC referências a gênero, sexualidade e temas afins. O slogan *ideologia de gênero*, disseminado por esses grupos, é uma espécie de disseminação de "notícia falsa", implementado junto com ideias de grupos reacionários e conservadores que reagem às conquistas dos grupos feministas e LGBTQIAP+ (Lésbicas, Gays, Bissexuais, Travestis/Transexuais, Queer, Intersexo, Assexuais, Pansexuais...) das últimas décadas. Esses grupos reacionários ganharam força e visibilidade a partir o governo do presidente Michel Temer, que assumiu após o golpe e *impeachment* da presidenta Dilma Rousseff, e pressionaram para que fossem retiradas da terceira e última versão da BNCC quase todas as referências a sexualidades, gênero, mulheres, feminismo e até mesmo a sindicado de mulheres (que constavam na primeira e segunda versões do documento).

Tanto na primeira como na segunda versão da BNCC, as temáticas de gênero e orientação sexual eram tratadas de modo transversal. Já na terceira e última versão, aprovada pelo Conselho Nacional de Educação (CNE), há uma exclusão de qualquer termo referente a gênero e orientação sexual da BNCC. Deixou-se a referência a sexualidade apenas no ensino de ciências, nos últimos anos do ensino fundamental.

Mesmo a teoria de gênero tendo sido produzida e discutida no meio acadêmico, com base em todos os parâmetros autorizados de produção de saberes científicos contemporâneos, diferentes estratégias de poder de grupos reacionários foram mobilizadas para tentar destituir de gênero seu caráter científico e chamá-lo de ideologia. A teoria de gênero foi usada nos estudos acadêmicos para identificar, compreender e analisar os processos históricos e culturais que nos posicionam como homens e mulheres, que criam sentidos para as diferenças percebidas em nossos corpos e que hierarquizam pessoas, limitando possibilidades de algumas e aumentando as possibilidades de outras. Gênero, na teoria de gênero e nos estudos feministas e *queer*, é um conceito usado para mostrar como as normas conformam, ordenam e hierarquizam os corpos masculinos e femininos por meio de repetições e citações infindáveis, produzindo e reproduzindo relações de poder que dividem, hierarquizam e incluem/excluem. Trata-se de um conceito extremamente importante para que muitas pesquisas curriculares consigam identificar, descrever e analisar o funcionamento da produção das desigualdades e das diferenciações hierárquicas nos contextos escolares. Mas os grupos antigênero desconsideravam ou atacavam toda essa produção.

É importante frisar que a produção científica sobre o conceito de gênero é feita seguindo todos os parâmetros das ciências humanas e sociais. Exatamente o contrário das doutrinas que movem esses grupos reacionários, que têm interferido nas políticas educacionais e curriculares para impedir que nelas apareça a menção a gênero, e que são sustentadas pela crença ou fanatismo. E é o também contrário das ideologias – conjunto de princípios que expressam uma determinada visão de mundo e que muitas vezes são usados como instrumento de dominação, agindo por meio do convencimento de formas prescritivas –, que é exatamente o que esses grupos antigênero adotam para promover o conformismo das pessoas diante de desigualdades sociais, políticas e culturais, e para silenciar as questões de gênero e sexualidade nos currículos. Por tudo isso, a terceira e última versão da BNCC, ao ser modificada para atender às pressões desses grupos, representa um retrocesso na abordagem das temáticas de gênero e sexualidade no currículo escolar brasileiro.

As discussões curriculares resistem à exclusão do tema porque veem vidas sendo apequenadas ou ameaçadas por questões relativas a gênero e sexualidade. Elas resistem a esse silenciando porque considera de grande importância mostrar o funcionamento de relações de poder que têm violentado, estuprado, matado, aniquilado possibilidades, subjugado pessoas e que têm tornado muitas vidas, portanto, impossíveis de serem vividas. Essa força da resistência certamente é necessária para reinstaurar a vida. Enfim, ela é necessária para acreditar na possibilidade de fazer um currículo com gênero e sexualidade que prioriza a vida, todas as vidas.

Sugestões de leitura

LOPES, Alice Casimiro; OLIVEIRA, Anna Luiza; OLIVEIRA, Gustavo (Orgs.). *Os gêneros da escola e o (im)possível silenciamento da diferença no currículo*. Recife: Editora da UFPE, 2018.
O livro traz discussões importantes, como a aprovação de políticas públicas, discursos curriculares, resistências construídas por professoras em relação aos discursos antigênero, dilemas de estudantes LGBTQIA+ na realidade escolar e a formação docente.
PARAÍSO, Marlucy Alves; CALDEIRA, Maria Carolina (Orgs.). *Pesquisas sobre currículos, gêneros e sexualidades*. Belo Horizonte: Mazza, 2018.
O livro mostra resultados de pesquisas inéditas sobre currículos, gêneros e sexualidades, realizadas em universidades do Sul, do Sudeste, do Centro-Oeste e do Nordeste do Brasil. Traz importantes aportes teóricos dos feminismos, dos estudos *queer* e da teoria de gênero para as pesquisas curriculares que podem inspirar a compreensão dessas temáticas na contemporaneidade.

Currículo e o pensamento da diferença

A vertente que chamamos de *pensamento da diferença do currículo* trouxe outras problemáticas e outros conceitos para a teoria curricular pensar um *currículo da diferença*, que é também experimental, nômade, para o desejo ou a potência, para a hospitalidade e para acionar uma contraconduta comprometida em criar novos modos de existência. Nessa vertente, o currículo é feito à medida que é pensado; ele é experimental e se mostra em sua própria atividade de se fazer-experimentando. Essa vertente busca a invenção de um currículo da diferença que só pode existir aberto e conectado com o estético, o ético e o político, porque valoriza a relação, a imaginação, a alegria, a novidade, a micropolítica, o menor, a vida, o sensível, o desejo, o existencial. Quer pensar um currículo que se movimenta geograficamente por espaços ainda não habitados para experimentar educar, viver, sonhar, criar eticamente, politicamente e esteticamente comprometido com a *diferença*.

O pensamento da diferença do currículo se estabelece com a "ética da experimentação", inspirada, sobretudo, na produção do filósofo francês Gilles Deleuze e na produção dele em parceria com Félix Guattari para acoplar ao currículo um agenciamento afirmativo do desejo, que leva à invenção/criação e a uma educação para a potência. A diferença, entendida com base na produção de Gilles Deleuze, é movimento que impede a fixidez na vida. Ela é criadora porque é aquilo que faz movimentar o pensamento e a nós mesmos. A diferença se passa no meio da repetição de qualquer evento, de qualquer acontecimento, o que faz com que nunca nada se repita exatamente do mesmo modo que ocorreu anteriormente. A repetição não é nunca repetição do mesmo, da mesma coisa, do mesmo acontecimento, do mesmo evento, porque na repetição há sempre o movimento da diferença que traz a diferenciação. A repetição conceitualizada por Gilles Deleuze guarda relações com o conceito de eterno retorno do filósofo alemão Friedrich Nietzsche. O retorno para esse filósofo, também, não é nunca o retorno do idêntico, porque a diferença está presente em qualquer movimento, em qualquer retorno, em qualquer repetição. O que eternamente retorna então é a diferença. A diferença é, portanto, uma espécie de movimento que impõe a mudança deformando as formas aparentemente estáveis, fixas, seguras, essenciais.

Em toda a obra de Gilles Deleuze, desde seus trabalhos iniciais, passando por seus estudos sobre cinema, literatura ou pintura, e também nos seus trabalhos desenvolvidos em conjunto com Félix Guattari, a problematização sobre o pensamento está presente. Deleuze se dedicou a problematizar o pensamento concentrado na identidade e a experimentar um pensamento da diferença. Um pensamento que em vez de ser orientado pela pergunta "o que é isso?", está preocupado com a pergunta "o que difere?". É a diferença que vem primeiro nesse pensamento. Enquanto o critério do pensamento identitário é a reunião de semelhantes, o critério da diferença é o acontecimento, isto é: o inusitado, o que acontece ou se realiza de modo inesperado. Deleuze centrou-se na crítica da imagem dogmática do pensamento e da representação para restituir ao pensamento sua potência criadora. Para o filósofo, o ato de pensar é um procedimento inventivo, de criação, e não uma atividade voluntária e reflexiva. Essa busca pela afirmação de um estilo criador foi como um sopro de vida na teoria curricular que tem explorado vários de seus conceitos.

Esse pensamento da diferença do currículo faz composição com outros autores e pensamentos que discutem o tema e que se preocupam com a criação de outros modos de existência. Assim, em alguma medida, se inspira também na "ética da hospitalidade incondicional", retirada da produção de Jacques Derrida, para explorar o currículo como um território de acolhimento da diferença. A hospitalidade incondicional é aquela em que eu abro a minha casa ao outro, ao desconhecido, de modo a ceder um lugar, um espaço ao outro, sem buscar transformá-lo. É necessário acionar a abertura ao outro, o cuidado pela escuta atenta. Essa abertura, tão fundamental na vida, é matéria para o pensamento da diferença do currículo. Isso porque, nesse território em que se dão muitos encontros, é necessário acionar a abertura irrestrita, que já nos constitui, ao Outro que chega, para exercermos a responsabilidade para com o Outro; todo e qualquer outro. A hospitalidade estimula não a vontade de apropriação, mas o desejo de acolhida sem reservas. A hospitalidade incondicional é a matéria da diferença.

Além disso, nessa vertente da teoria curricular, usa-se, ainda, a produção do também filósofo francês Michel Foucault sobre a "ética do cuidado de si" para, através da contraconduta, fazer do currículo um espaço de luta contra as estratégias colocadas em ação para conduzir vidas em uma direção de conformismo e definir para si mesmo uma nova maneira de se conduzir e de existir. Apesar de Michel Foucault não ter pensado *a* diferença, ele pensa *na* diferença, e se alimenta dela em sua produção, já que é a condição para ele pensar o "humano", o sujeito, os modos de subjetivação. Assim, essa vertente da teoria curricular usa a sua produção sobre modos de existência, comumente articulada com diferentes conceitos sobretudo de Gilles Deleuze e Félix Guattari, para discutir um currículo da diferença. Trata-se sempre de fazer fugir ao já dado e feito no currículo e, no próprio processo de fazer fugir, abrir espaço para novas maneiras de existir.

O pensamento da diferença do currículo, portanto, usa uma profusão de conceitos retirados da filosofia produzida, sobretudo,

Currículos

por esses três filósofos – chamados de "os três filósofos transgressores" ou "os três pensadores rebeldes" –, com destaque para a leitura e o uso que eles fizeram da obra do filósofo alemão Friedrich Nietzsche e sua teoria das forças. Cabe registrar que, até os anos 1950, Nietzsche não gozava de grande prestígio na academia. A retomada dele, primeiro por Gilles Deleuze, depois por Michel Foucault e Jacques Derrida, teve grande efeito na produção intelectual não somente da Filosofia, mas em muitos campos das Ciências Sociais. E ainda vivemos sob o efeito dessa retomada do pensamento de Nietzsche. O uso de suas contribuições na teoria curricular trouxe ao campo uma denúncia radical do poder, uma conspiração de afetos, uma busca por uma cultura da alegria, uma priorização da diferença e uma afirmação da vida.

Isso deu um rumo bastante diferenciado às discussões curriculares. Afinal, essa vertente da teoria curricular entende que no plano da diferença se move um currículo espacializante, que se preocupa com as conexões que podemos fazer no território, que não considera a diferença um problema, mas sim um plano para problematizar e assim interrogar o currículo-maior, a pedagogia, a escola, a cultura, o significado transcendental, o sujeito, a identidade. Mobiliza um pensamento no currículo que entende que a diferença não pode ser representada; ela deve ser mobilizada para criar saídas a cada vez que os sentidos são fixados. Ela deve ser acionada para "criar possíveis" no currículo cada vez que o currículo-maior, de Estado, utiliza seus procedimentos de reprodução e reiteração para fixar os saberes a serem ensinados, a identidade a ser perseguida, uma cultura a ser cultivada, um sujeito a ser produzido ou formado. Criar possíveis porque o pensamento da diferença do currículo entende que os possíveis não existem para serem descobertos; eles precisam ser criados no currículo.

Esse pensamento da diferença do currículo não acredita em um currículo nacional, feito por especialistas, para todos e todas. Mas sabe que até com ele se pode fazer algo, porque podemos fazer uma infinidade de pedagogias com qualquer currículo. É possível criar uma pedagogia

126

do *encontro* para fazer um currículo vitalista. É viável engendrar uma pedagogia da *hesitação* para fazer o currículo *gaguejar*. É plausível suscitar pedagogias *ambulantes* (museus, ruas, cidade, secretarias, teatros, cinemas...) para o currículo sair do lugar. É factível praticar pedagogias *do acaso* para o currículo correr riscos ou pedagogias anticapacitistas para o currículo não deixar ninguém para trás.

Podemos olhar qualquer texto na nossa prática curricular e perguntar: o que posso fazer com isso? Por isso, a aposta desse pensamento em um currículo-menor criado por docentes que se envolvem no prazer de ensinar e na alegria do aprender. O foco é no professorar que, ao fazer o currículo, organiza bons encontros, pois sabe que para aprender é necessário organizar encontros. Encontro com o inusitado que força o pensamento e funciona como pura resistência. Afinal, esse pensamento entende que se aprende fazendo *com* alguém; nunca fazendo *como* alguém.

Essa vertente da teoria curricular compreende que um currículo da diferença é também rizomático, isto é que precisa fazer funcionar uma filiação com tramas, conexões, composições e não com raízes que se fixam. Não existe, em um currículo rizomático, um ponto central a definir um fundamento originário. Existem linhas a compor trajetórias diversificadas. Não há busca pela profundeza ou por pontos de origem das raízes, mas sim a abertura para seguir as linhas que se emaranham na construção de tramas cujas trajetórias são ativadas ou abortadas no processo vivo de composições, rupturas e alianças. A atitude demandada de alguém que experimenta um currículo, nessa perspectiva, é epistemológica e existencial, para atuar sabendo que o mundo só existe nas tramas que o tecem.

O currículo, nessa perspectiva, tem como premissa uma *ciência nômade* ou itinerante. Ele é nômade porque experimenta, explorando as possibilidades e intensidades de um território. Mas essa exploração do território curricular é feita já se preparando para desterritorializar e criar experiência, entendida como uma produção que é epistemológica, ética, estética e existencial.

O currículo da diferença explora e experimenta abrindo-se a conexões potencializadoras; a composições que são possibilitadas no próprio currículo, visto como território de encontros. Trata-se de um currículo que, ao se abrir ao inusitado, extrapola as demarcações que lhe impuseram, expande seus temas, força suas grades, alarga possibilidades. Um currículo da diferença é visto como um espaço emissor de signos, por excelência, e no qual se pode aprender. Aprender, nessa perspectiva, nada tem a ver com as perspectivas cognitivas que entendem a aprendizagem como o domínio de objeto ou de um conhecimento. Não é, portanto, assimilação de conteúdos. Aprender diz respeito a encontrar com signos; a decifrar e interpretar signos. Nesse sentido, por exemplo, podemos dizer que uma professora emite diferentes signos quando ensina conteúdos, quando divulga imagens, quando se relaciona com as estudantes, quando traz uma música, quando discute um livro de literatura etc. Esses signos não afetam igualmente a todos, ainda que todos saibam reproduzir o que a professora disse ou ensinou. É quando esse signo toca uma estudante, quando ela se encontra com esse signo emitido pela professora ao ponto de desejar com as todas as forças decifrar e interpretar esse signo que ela aprende. No processo de aprender é necessário encontrar-se com signos que nos tirem a paz; é preciso ser afetado por eles. Por meio de uma espécie de violência, inquietação, portanto, os signos instalam-se no corpo e no pensamento, efetuando um incômodo que leva à produção de sentidos. A decifração desses signos acaba se tornando uma necessidade de vida.

Além disso, essa vertente entende que há sempre surpresa no aprender porque não sabemos antecipadamente como podemos nos tornar bons em algo ou quais signos nos servirão para um aprendizado. Por isso, a tarefa de um currículo ou de uma professora da diferença é ofertar o máximo de textos possível, na esperança que algum dos signos disparados toque o coração de uma estudante. Afinal, para aprender é necessário ser sensível aos signos, considerar o mundo, a relação, os acontecimentos como coisas a serem decifradas. Aprender com a diferença significa se abrir às pequenas vibrações; aliar-se às sensações;

produzir experiência como experimentação, lançando o corpo a uma experiência de desassossego e estranhamento, condição de possibilidade para o aprender e para os processos de criação.

Essa vertente do pensamento da diferença do currículo afasta-o dos agenciamentos negativos do poder, que levam a uma educação para a obediência. O agenciamento perseguido é o que leva à invenção de outros mundos. Um agenciamento é um operador que remete ao modo concreto de produção de realidade; porque ele é aquilo que liga, conecta, compõe, combina. Agenciar é combinar coisas díspares sem unificá-las. É conectar diferenças sem integrá-las. É ligar para formar uma geografia, um território sem apagar as linhas que se conectam. Então, um currículo, na perspectiva do pensamento da diferença, está atento a qual tipo de agenciamento se pode acoplar a vida que queremos incorporar e ensinar para fazer desejar, para educar para o aumento de potência e a afirmação da vida, de todas as vidas. Busca-se, assim, inverter a lógica metafísica do currículo para fazer da diferença seu motor e, então, produzir outros arranjos nos currículos que possam fazer movimentar, dançar, dinamizar com os signos que possibilizam aumentar a alegria e fazer a vida perseverar.

Operar com a diferença é ofertar ferramentas para a criação e a invenção de currículos outros. Ao possibilitar múltiplos currículos, a partir das contingências da sala de aula, praticar currículos com o olhar da diferença faz mover a atenção ao *menor*, ao contexto, ao acontecimento e às composições que contribuem para o alargamento dos possíveis nas aulas e na vida.

O currículo é lido como um mapa, porque nele há um conjunto de linhas dispersas, funcionando todas ao mesmo tempo, em velocidades variadas. E tal como um mapa, o currículo é um espaço aberto, conectável, desmontável, passível de ser desconstruído, suscetível de receber modificações constantemente. As linhas constitutivas do currículo são consideradas um sistema aberto porque se encontram, se bifurcam e podem criar outras linhas. O currículo, nessa perspectiva, aposta no movimento que, a exemplo dos nômades ou do andarilho, faz sair da paralisia, do já criado, do fixado, do já colonizado. Esse currículo assume, assim, as fragilidades daquilo que se apresenta como evidente e afirma a potencialidade do seguir, das passagens, das travessias.

Talvez a maior contribuição da vertente do pensamento da diferença do currículo esteja na força que vê no professorar. Ela salienta a docente como organizadora de encontros que podem levar ao aprender. A sua aposta é nos focos de invenção e resistência que emergem em processos de exterioridade ao Estado. Por isso, busca o currículo-menor, que é feito pela docente e na micropolítica realizada no dia a dia. O *currículo-menor* é estabelecido por educadoras que cotidianamente em suas salas de aula produzem encontros, acolhem a diferença e fazem embates com o *currículo-maior* e sua sede de controle, prescrição, generalização, homogeneização. Essa perspectiva, portanto, sabe da força que pode ser mobilizada no professorar. Por isso, convoca a docente a fazer o diagnóstico da sociedade, da escola, do currículo que temos para produzir o que queremos, atuando nas brechas; porque é nas brechas que se criam possíveis.

Há, portanto, nessa perspectiva, uma valorização das contracondutas. Ao "dar as costas" para o currículo-maior – aquele feito pelo Estado, valorizado pela governamentalidade neoliberal que quer conduzir condutas para adaptá-las a esse regime capitalista, colonial, heteropatriarcalista –, criam-se possibilidades de fortalecer currículos variados feitos nas escolas. Nesse território, a conduta é não imitar, mas explorar e deixar-se contagiar. Afinal, no contágio há a possibilidade de que algo novo surja.

Essa perspectiva entende que um currículo da diferença é geograficamente orientado. Reconhece a importância do embate entre relações imanentes capazes de metamorfosear poderes considerados estáveis, que tendem a se reproduzir. Como um currículo-menor, introduz as linhas de fuga no currículo-maior, desfazendo e desconstruindo sua ambição de comum, universal, bom para todos. Renuncia à unidade, e esquece a busca das origens perdidas. Procura, assim, escapar de currículos que são assentados em lugares seguros.

Fazendo o diagnóstico de que vivemos em um tempo da condução das condutas exacerbada, com diferentes ações para isso, o pensamento da diferença do currículo considera que a resistência (ou a re-existência) está nas próprias condutas que resistem e se recusam a serem conduzidas assim. O currículo é fundamental nessa construção de uma contraconduta, isto é, maneira de lutar contra as estratégias colocadas em ação para conduzir nossas vidas em uma direção de aceitação, acomodação e apatia. Afinal, a contraconduta é um deliberado conhecimento e cuidado de si para se proteger e poder seguir em outra direção.

As ações importantes de um currículo, nessa vertente do pensamento da diferença, portanto são: *juntar* textos, saberes, culturas, artes, ciência, filosofia, literatura... mas sem *fundir*; é *articular* sentidos, sensações, sonhos, desejos... mas sem *encaixar*; *dar consistência* a encontros, desejos, afetos, experiências... mas *sem homogeneizar*. *Atenuar* explicações, exemplos, práticas... mas *sem anular*. Esse pensamento leva a *variar* percursos, trajetos, relações, decifrações... *sem corresponder*. Inspira a *explorar* o território do currículo à espreita de bons encontros, mas *sem se fixar*, já que a territorialização se dá ao mesmo tempo em que se prepara para desterritorializar. Busca realizar experimentações com aquilo que foi marginalizado por outras perspectivas.

Essa vertente da teoria curricular, portanto, coloca força no poder de um currículo afetar e ser afetado pelos signos que dispara. Acredita na surpresa do encontro, porque entende que não se sabe de antemão que signo resultará de um determinado encontro. É o processo, e não o fim, que importa. É a ação de percorrer a pista do currículo que merece nossa atenção e cuidado. Até porque o que chamamos de final é sempre um fim para algo que continua de outra forma.

O critério mais importante para selecionar e priorizar saberes/culturas, conhecimentos/pensamentos ou disponibilizar signos em um currículo é a *vida*. A linha a ser seguida nessa seleção vem da resposta a perguntas, tais como: esse pensamento, saber, ensinar, encontro ou texto favorece a vida? Possibilita encontros com signos que afirmam a vida? Faz a vida seguir, proliferar, perseverar? Enfim, o pensamento da diferença do currículo entende que a vida só quer perseverar; e os movimentos de um currículo da diferença devem favorecer a vida perdurar. Com isso, há nessa vertente da teoria do currículo o fortalecimento da docência; fortalecimento de um professorar que atue nas brechas para criar/inventar os currículos adequados/necessários para a vida perseverar. A docente da diferença, portanto, experimenta no currículo suas invenções e fabulações na busca de fazer um currículo coincidir com a vida.

Sugestões de leitura

CORAZZA, Sandra Mara; TADEU, Tomaz. *Composições*. Belo Horizonte: Autêntica, 2007.

O livro apresenta experimentações dos autores com o estilo e a escrita ao explorar conceitos do pensamento da diferença no currículo, operando com o conceito "composição", central na obra de Gilles Deleuze e Félix Guattari e importante para o pensar currículo e diferença. Há um convite para que possamos deixar a diferença iniciar seus jogos no currículo e no pensamento educacional.

PARAÍSO, Marlucy Alves. Currículo-nômade: quando os devires fazem a diferença proliferar. In: COSTA, Marisa et al. (Orgs.). *Estudos culturais e educação:* contingências, articulações, aventuras, dispersões. Canoas: Ulbra, 2015, pp. 269-288.

O artigo cria, define e explora, com base no pensamento da diferença, o conceito de currículo-nômade, usando para isso o currículo praticado por um professor personagem de um filme e por uma professora investigada em suas pesquisas. Mostra como encontros e devires podem fazer a diferença proliferar nos currículos.

A BNCC em questão

A política de currículo é um aspecto da política educacional que estabelece formas de selecionar saberes, conhecimentos, habilidades, competências, objetivos, decidindo e ordenando sobre o que se deve ensinar e também o que se deve aprender na escola, ou seja, sobre como deve ser o currículo no sistema educacional. Essa política determina o poder e a autonomia que diferentes agentes têm sobre as decisões curriculares. Isso é definido por meio de diferentes documentos, que, por fazer algumas determinações em relação ao currículo, são usados para justificar um currículo único para todas as escolas de todo o território brasileiro. É claro que aqui estou falando de macropolíticas de currículos, aquelas feitas em processos interiores ao Estado, e que correspondem às grandes orientações que servem como base de sustentação para as decisões curriculares em todo o sistema educacional.

No cotidiano das escolas e das universidades, em relação aos currículos, quando selecionamos saberes, exercícios, textos, imagens; quando conectamos conhecimentos, culturas, linguagens; quando produzimos/criamos práticas, sentidos, experiências; quando damos ênfases ou silenciamos a diferença etc., também estamos fazendo políticas de currículo. São as micropolíticas, de grande importância na produção de currículos múltiplos, plurais, menores. Essas micropolíticas são a reconstrução de pequenos coletivos, bandos, tribos ou associações que, na contramão do currículo-maior, insistem no diverso, na desconstrução dos sentidos construídos, dos currículos já feitos. Continuam apostando no sonho, na poesia, na arte, no movimento. Acreditam na insubmissão, na insubordinação, na leitura contextualizada de diferentes materiais, no desejo. Espreitam o encontro. Apostam na conexão da paixão de ensinar com o desejo de aprender, e, assim, fazem o currículo-menor acontecer nas escolas.

Contudo, abordo aqui a política de currículo-maior. Esta é feita pelo Estado ou com o seu aval, para atender a uma espécie de fantasia de padronização, homogeneização, sempre com a justificativa de que é para garantir a qualidade da educação. Ao abordá-las, mostro como essa definição de currículo nacional busca o respaldo legal e consegue ganhar muitas adesões no Brasil, mesmo indo na contramão das discussões das teorias de currículo. Afinal, com base nas teorias contemporâneas de currículo, sabemos há várias décadas da impossibilidade de currículos nacionais para um país com as dimensões do Brasil, com culturas tão diferentes, com escolas localizadas em contextos tão particulares, com necessidades tão diversas, com tantas desigualdades sociais e educacionais. Qualquer currículo é sempre o resultado da seleção de alguém, de alguns grupos, como já abordado nos capítulos anteriores.

Políticas de currículo nacionais de diferentes países, criadas nas últimas décadas, têm sido usadas por alguns especialistas da educação para defender a necessidade de políticas centralizadas de currículo também no Brasil. Contudo, pesquisadoras do campo do currículo têm feito críticas aos currículos centralizados, sobretudo pelo vínculo destes com os interesses de mercado, e têm defendido que no Brasil, país tão grande e com tantas diferenças culturais, os currículos devem ser construídos o mais localmente possível.

Apesar dessa defesa, no entanto, tivemos nas últimas décadas a formulação de currículos oficiais nacionais no Brasil. Tanto os Parâmetros Curriculares Nacionais (PCN) – homologados em 1997, para o ensino fundamental I e II, em 2000, para o ensino médio, e em 2006, para a educação infantil –, como a Base Nacional Comum Curricular (BNCC) – que substituiu os PCN e foi homologada em 2017, para a educação infantil e o ensino fundamental, e em 2018, para o Ensino Médio –, apesar dos nomes que lhes são dados (isto é, *Parâmetros,* nos PCN, e *Base,* na BNCC), são currículos oficiais em sua máxima expressão. Nesses dois momentos de definição de um currículo nacional no Brasil, o debate sobre sua necessidade ou não foi conflituoso, tenso e com muitas manifestações de professoras, pesquisadoras individuais, associações acadêmicas e de vários grupos vinculados à educação. Diferentes críticas foram suscitadas, do mesmo modo que foram formuladas justificativas para a sua definição.

Uma dessas justificativas recorrentes é o atendimento à fixação de *conteúdos mínimos* determinada pela Constituição Federal (CF) brasileira. A CF de 1988, em seu artigo 210, determina que "serão fixados conteúdos mínimos para o ensino fundamental, de maneira a assegurar formação básica comum e o respeito aos valores culturais e artísticos, nacionais e regionais". Esse mesmo artigo, em seu primeiro parágrafo, determina que "o ensino religioso, de matrícula facultativa, constituirá disciplina dos horários normais das escolas públicas de ensino fundamental". O segundo parágrafo desse mesmo artigo determina que "o ensino fundamental regular será ministrado em língua portuguesa, assegurada às comunidades indígenas também a utilização de suas línguas maternas e processos próprios de aprendizagem". É claro que a interrogação sobre o que seria esse "currículo mínimo" também costuma ganhar destaque nas discussões do campo curricular. Afinal, currículo mínimo não é o mesmo que um currículo nacional, como esses que o Brasil tem elaborado nas últimas décadas.

A Lei de Diretrizes e Bases da Educação Nacional (LDBEN) – Lei nº 9394/96 – também é usada para justificar a necessidade de formular um currículo único para todo o Brasil. Isso porque o artigo 26 da

LDBEN determina que "os currículos do ensino fundamental e médio devem ter uma base nacional comum, a ser complementada, em cada sistema de ensino e estabelecimento escolar, por uma parte diversificada". Além disso, o primeiro parágrafo desse artigo determina que "os currículos devem abranger, obrigatoriamente, o estudo da língua portuguesa e da matemática, o conhecimento do mundo físico e natural e da realidade social e política, especialmente do Brasil". A LDBEN fala em base nacional comum a ser complementada por uma parte diversificada, e deixa aberto o tipo de organização curricular. É possível deduzir que, ao falar em "estudo" e em "conhecimento", e não em disciplina, a forma de organização do currículo é flexível, com base na LDBEN. O currículo pode ser organizado, portanto, por temas, por áreas de conhecimento, por projetos, por disciplinas, por épocas etc.

Além disso, o inciso I do artigo 27 determina que "os conteúdos curriculares da educação básica deverão observar a difusão de valores fundamentais ao interesse social, aos direitos e deveres dos cidadãos, de respeito ao bem comum e à ordem democrática". Apesar de toda a abertura e flexibilidade da LDBEN, no que se refere ao currículo, ela fala em "base nacional comum". Isso também foi usado como justificativa para a elaboração dos PCN e também da BNCC.

No Brasil existem ainda as Diretrizes Curriculares Nacionais (DCNs), discutidas, concebidas e fixadas pelo Conselho Nacional de Educação (CNE), exatamente para cumprir essas determinações da Constituição Federal (que prevê conteúdos mínimos) e da LDBEN (que prevê uma base nacional comum a ser complementada com uma parte diversificada). As Diretrizes são consideradas normas obrigatórias para a Educação Básica para orientar o planejamento curricular das escolas e dos sistemas de ensino. Atualmente, existem Diretrizes Gerais para a Educação Básica, e também Diretrizes Curriculares próprias para cada etapa e modalidade, a saber: educação infantil, ensino fundamental e ensino médio. A Diretriz do Ensino Médio é a mais recente, e foi atualizada pelo CNE, em 2018, para atender às mudanças propostas pela Lei da Reforma do Ensino Médio – Lei nº 13.415, de 2018. A justificativa dada para a existência das DCNs é que, além de atender à determinação da CF e da LDBEN, elas buscam garantir que conteúdos básicos sejam ensinados para todas as estudantes, sem deixar de levar em consideração os diversos contextos nos quais elas estão inseridas. Seu objetivo seria promover a equidade de aprendizagem.

Cabe registrar que mesmo depois que foi elaborada a BNCC, as Diretrizes continuam valendo. Em resposta às críticas feitas sobre a multiplicação de documentos de políticas curriculares, o CNE tem argumentado que os documentos são complementares. Para o CNE, as DCNs determinam a estrutura e a BNCC o detalhamento de conteúdos e competências. No entanto, as DNCs já são bastante detalhadas e suficientes para orientar as escolas na elaboração de seus currículos e planejamentos.

Todos esses documentos condicionam políticas de currículo. É por isso que nos dois momentos em que se foi elaborar currículo nacional no Brasil houve muito debate e críticas. Além de interrogações sobre qual a necessidade de um documento de currículo nacional, por já existirem as DNCs e porque as escolas já possuem seus currículos, há críticas à metodologia de elaboração desses documentos que privilegiam especialistas e subalternizam os diálogos com as comunidades escolares. Além disso, a autonomia das escolas, também garantida pela CF e pela LDBEN, se fragiliza com a lógica de centralização que a BNCC instaura na educação. Afinal, um currículo nacionalmente definido tem implicações nos materiais didáticos, nos processos de ensino e de avaliação, na homogeneização de metas e objetivos e na própria formação docente.

Outra justificativa usada para a elaboração de currículos nacionais – tanto na elaboração dos PCN como da BNCC – é a de que com eles se busca promover a qualidade da educação, cuja necessidade foi enfatizada no Plano Nacional de Educação (PNE), que definiu as 10 diretrizes para guiar a educação brasileira, em um período de dez anos, e as 20 metas a serem perseguidas e cumpridas na sua vigência. O PNE a que se referiam os PCN era o referente ao período de 1993 a 2003. Já a BNCC se refere ao PNE para o decênio 2014-2024. De fato, a discussão sobre a necessidade ou não de elaboração de uma base curricular foi longa e conflituosa, na elaboração do PNE 2014-2024. Esse Plano, construído

Currículos

com discussões fervorosas e com várias idas e vindas no Congresso dos Deputados, na sua versão final, prevê a necessidade de uma base nacional comum dos currículos, com direitos e objetivos de aprendizagem e desenvolvimento dos alunos para cada ano do ensino fundamental e médio. Entre as 20 metas para a melhoria da educação básica, 4 falam sobre a base curricular.

Além disso, a Lei nº 13.005 de 25 de junho de 2014, com vigência de 10 anos, que regulamenta o PNE, reitera o princípio de cooperação federativa da política educacional, já presente na CF e na LDBEN. Estabelece que a União, os estados, o Distrito Federal e os municípios atuarão em regime de colaboração, visando ao alcance das metas e à implementação das estratégias do Plano. Por isso, estados e municípios também elaboraram seus Planos Estaduais de Educação (PEE) e seus Planos Municipais de Educação (PME).

A justificativa predominante da necessidade da BNCC para substituir os PCN foi a de que a legislação educacional brasileira havia sofrido mudanças, não contempladas nos PCN, tais como: antecipação da alfabetização com o início do ensino fundamental aos seis anos, ampliação do ensino fundamental de 8 para 9 anos, necessidade de um currículo para as diferentes modalidades da educação básica (educação infantil, ensino fundamental e ensino médio) em um documento único. Isso porque os PCN, implementados no governo do então presidente da república Fernando Henrique Cardoso, foram consolidados em diferentes documentos, separadamente, inclusive em datas diferentes. Inicialmente, em 1997, foram publicados os 10 volumes para o chamado ensino fundamental I (1º ao 4º ano). Em seguida, em 2008, foram elaborados e publicados outros 10 volumes para o ensino fundamental II (do 5º ao 8º ano). No ano 2000 são lançados os PCN para o ensino médio (PCNEM), e, somente mais tarde, em 2008, foram definidos os PCN para a educação infantil. A BNCC, no início de sua discussão, pretendia atuar para resolver esse problema de documentos curriculares separados para cada seguimento. Pretendia-se construir um único documento curricular para toda a educação básica. Isso acabou não ocorrendo, como ficará claro mais adiante.

Em junho de 2015, uma comissão composta por 106 especialistas de 35 universidades começou a trabalhar na primeira versão da BNCC. Buscou-se montar uma comissão de especialistas que contemplasse todos os estados brasileiros. Desse modo, evitou-se repetir o procedimento de elaboração dos PCN que privilegiou na comissão – coordenada pela professora Beatriz Cardoso (filha do então presidente da república Fernando Henrique Cardoso) – especialistas da USP e da Unicamp, com a participação de alguns professores da Escola da Vila (escola privada de São Paulo) e a consultoria internacional de César Coll, um catedrático da Universidade de Barcelona, Espanha, especialista em psicologia da educação. Os PCN receberam inúmeras críticas pelo seu processo de elaboração feito em gabinetes fechados, com especialistas sobretudo de São Paulo. A BNCC, apesar de ser elaborada por especialistas, procurou incorporar especialistas das mais diferentes universidades e estados brasileiros.

Em setembro de 2015, a primeira versão da BNCC, elaborada pelos especialistas foi disponibilizada para consulta pública sobre o texto, com o uso da internet, por três meses. Segundo o MEC, foram recebidas cerca de 12 milhões de contribuições, comentários, críticas e sugestões.

Várias contribuições foram incorporadas ao texto e, em maio de 2016, foi divulgada a segunda versão da BNCC. Foram bastante modificados principalmente os conteúdos de história e Português. Modificações consideradas por vários especialistas um retrocesso, já que a primeira versão do documento de História pretendia fugir da história factual, e o de Língua Portuguesa buscava escapar de uma centralidade na gramática. Essa segunda versão dessas duas áreas retorna tanto com a história mais factual como com a centralidade na gramática.

De junho a agosto de 2016 o Conselho Nacional de Secretários de Educação (Consed) e a União Nacional dos Dirigentes Municipais de Educação (Undime) promoveram seminários estaduais com professoras, gestoras e especialistas para discutir a segunda versão do texto da BNCC. Cabe registrar que nesse período tivemos um momento extremamente conturbado politicamente no Brasil. Já estava em curso conflitos políticos enormes que resultaram no *impeachment* da presidenta eleita Dilma Rousseff.

Esse clima político tenso, a presença em vários desses seminários de grupos reacionários como o Escola Sem Partido e o grupo antigênero que pressionavam para retirar vários temas da BNCC, as ocupações das escolas em todo o Brasil por secundaristas que lutavam conta a reforma do ensino médio fizeram com que esses seminários estaduais fossem extremamente conflitivos e cheios de disputas. Os grupos antigênero e do Escola Sem Partido e políticos da extrema direita filmavam, divulgavam nas redes e intimidavam professoras e acadêmicas que tentavam garantir no documento da BNCC discussões sobre os movimentos sociais, as contribuições dos sindicatos nas conquistas sociais, a história das mulheres, as discussões de gênero, sexualidade, os conhecimentos sobre a história e a cultura africana e afro-brasileira e sobre os povos originários. Tudo isso dificultava a discussão mais séria, democrática e reflexiva.

Apesar de todos esses conflitos e dificuldades no debate, especialistas da Universidade de Brasília (UnB) sistematizaram os resultados desses seminários e elaboraram um relatório para subsidiar as mudanças na versão final da BNCC.

Na versão da BNCC encaminhada para o CNE, além da revisão de especialistas e gestores do MEC, outros protagonistas entraram em cena, interferindo no texto da Base. Assim, influenciaram na última versão da BNCC: o grupo do Escola Sem Partido, o Movimento Brasil Livre (MBL) e o grupo antigênero. Mudanças polêmicas, como a retirada de todas as referências a gênero e sexualidade do documento, feitas na última versão da BNCC, são retrocessos, inclusive se comparado aos PCN, implementados em 1997. Assim, apesar de todos os embates, moções feitas por pesquisadoras da área da educação, várias associações acadêmicas e sindicatos de professoras etc., em dezembro de 2017, a BNCC para a educação infantil e o ensino fundamental foi aprovada.

Cabe destacar também que a separação e o adiamento da tramitação da BNCC do ensino médio foram exatamente para aprovar rapidamente a BNCC da educação infantil e ensino fundamental, já que a reforma do ensino médio enfrentava forte resistência em vários espaços, inclusive no CNE. A Base Nacional Comum Curricular do Ensino

Médio (BNCC-EM) foi aprovada pelo CNE somente um ano depois, em dezembro de 2018.

Em relação à BNCC da educação infantil e do ensino fundamental aprovada, alguns aspectos merecem ser mencionados:

1. Houve uma antecipação da alfabetização. Toda criança deve estar plenamente alfabetizada até o fim do segundo ano do ensino fundamental, aos 7 anos, portanto. Na primeira versão da BNCC, o prazo era até o terceiro ano. Cabe registrar que essa definição conflitua com o estabelecido no PNE 2014/2024, que prevê a alfabetização das crianças até o fim do 3º ano.

2. A educação infantil ganhou parâmetros de "direitos de aprendizagem e desenvolvimento" para bebês e crianças com menos de 6 anos. Há também uma determinação de que a alfabetização deve se iniciar na educação infantil. O texto sobre a educação infantil foi entre todos o que teve menos mudanças entre a primeira e a última versão da BNCC e a que tem a estrutura mais inovadora. Ela não é organizada por áreas de conhecimentos e componentes curriculares, mas faz o cruzamento das áreas com os campos de experiência, que incorporam dimensões como o brincar e explorar, consideradas imprescindíveis para a formação das crianças.

3. Houve uma supressão dos termos "gênero" e "sexualidades" e de todas as questões que fomentem a cidadania LGBTQIAP+, tanto da educação infantil como do ensino fundamental. Com a justificativa de que a temática de gênero provocava muita controvérsia, o MEC suprimiu da terceira versão da BNCC os termos "gênero" e "orientação sexual". Isso ocorreu nos componentes curriculares de várias áreas. No de Educação Física e Artes, por exemplo, objetos do conhecimento que se propunham a problematizar as questões de corpo, gênero e sexualidade, e analisar as causas da violência contra populações marginalizadas (negros, indígenas, mulheres, homossexuais, camponeses, pobres etc.), com vistas à tomada de consciência e à construção de uma cultura de paz, empatia e

Currículos

respeito às pessoas, foram todos suprimidos. O CNE acabou aprovando o texto com todas as supressões, prometendo elaborar, posteriormente, orientações sobre esses temas. Foi muito controverso o fato de gênero e orientação sexual serem incluídos apenas como uma das habilidades a serem desenvolvidas pelo ensino religioso.

4. O ensino religioso passou a se constituir em uma área de conhecimento. Assim como as demais áreas, o ensino religioso possui objetivos, habilidades e competências para serem consolidadas no processo ensino-aprendizagem. Na versão anterior da BNCC o ensino religioso havia sido suprimido e o MEC retornou com o tema na Base, na última hora, antes de enviar o documento para o CNE. Isso foi objeto de muitas discussões, sobretudo porque a LDBEN determina que o Ensino Religioso seja optativo. Além disso, a Lei determina que é competência dos sistemas de ensino a sua regulamentação e definição de conteúdos. Não caberia ao Ministério da Educação, portanto, estabelecer base comum para essa área. Mesmo assim o MEC, na versão da BNCC enviada para o CNE e não discutida com a sociedade, incluiu o Ensino Religioso entre as cinco áreas do conhecimento a serem desenvolvidas no ensino fundamental.

5. A BNCC de História para o ensino fundamental, que na primeira versão deslocava o foco eurocêntrico da história do Brasil e aprofundava as questões das origens ameríndias e africanas e restringia o espaço para a história antiga e medieval, foi totalmente modificada. Objeto de muita controversa desde a primeira versão, a BNCC de história retornou com a organização do seu conteúdo segundo a cronologia dos fatos, e perdeu parte significativa da discussão sobre África e os indígenas.

6. A Língua Inglesa ficou definida na BNCC como o idioma a ser ensinado obrigatoriamente em todas as escolas brasileiras a partir do sexto ano. A versão anterior da BNCC deixava a escolha da língua a cargo das redes de ensino. A BNCC propõe que o ensino do inglês se dê do mesmo modo que o português, por meio de práticas linguísticas cotidianas.

7. O MEC retirou a única menção a sindicatos que constava na BNCC, e também a referência à importância de anarquistas e das mulheres nas conquistas dos direitos sociais, substituindo "sindicatos anarquistas e grupos de mulheres" por "movimentos sociais".

8. Se o ensino de gênero ficou a cargo do ensino religioso, o de sexualidade ficou a cargo de ciências, de forma superficial e em uma quantidade mínima. E isso somente a partir do 8º ano do ensino fundamental. O termo "sexualidade" é abordado como objeto de conhecimento sobre vida e evolução, e como uma das habilidades da disciplina, indicando que deve tratar de infecções sexualmente transmissíveis e métodos contraceptivos.

9. A BNCC do ensino fundamental é organizada por competências e habilidades. Competência definida como a mobilização de conhecimentos (conceitos e procedimentos), habilidades (práticas, cognitivas e socioemocionais), atitudes e valores para resolver demandas complexas da vida cotidiana, do pleno exercício da cidadania e do mundo do trabalho. Habilidades são definas como aquilo que as estudantes devem aprender a fazer (por exemplo: ler, escrever, identificar, classificar, narrar, planejar etc.) ao longo de cada etapa da escolarização para desenvolver as competências. O documento aponta 10 competências que estudantes devem desenvolver. Cabe registrar que esse modelo curricular pautado em competências já foi muito criticado nos estudos curriculares por suas formas esquemáticas e não processuais de compreender os currículos. Além disso, esse retorno das competências ignora todo o movimento das DCNs, construídas nos últimos anos, que colocam força nos processos e na experiência.

Esses aspectos aqui destacados foram também criticados por associações, pesquisadoras individuais, professoras, sindicatos e movimentos sociais. Até mesmo no CNE, no pedido de vistas à Minuta de Parecer e Projeto de Resolução que deu origem ao texto final da BNCC, as conselheiras Aurina Santana, Malvina Tuttman e Márcia Ângela Aguiar fizeram várias críticas, tais como: a exclusão do ensino médio do documento da Base; o processo de reelaboração da base que privilegiou contribuições individualizadas, em detrimento de um processo coletivo; a não inclusão de contribuições ocorridas nas audiências públicas e aquelas apresentadas pelo CNE; a metodologia de construção linear, vertical e centralizadora e o fato de que a terceira versão não seguiu o caminho percorrido pelas versões anteriores, pois foi construída pelo Comitê Gestor do MEC.

Ainda assim, a BNCC foi homologada. Trata-se de um documento de uma política de currículo que visa estabelecer um padrão curricular nacional em todos os segmentos da educação básica. Sentimos aí, claramente, além da pressão de forças políticas reacionárias, de grupos religiosos fundamentalistas e empresários da educação, a força do modelo neoliberal internacional influenciando as políticas de currículo no Brasil, em cada detalhe, inclusive na escolha da lógica das competências para organizar a BNCC.

Ao longo de todos esses anos de definição da base, pesquisadoras de currículo seguiram defendendo políticas de currículo não centralizadoras, e apontando a importância de currículos pensados, construídos e decididos no cotidiano das escolas, sem ferir a autonomia pedagógica de docentes e sem controlar as diferentes iniciativas de criação para ensinar e aprender feitas por professoras nas escolas. Mas é evidente que se nas teorias curriculares pesquisadoras do Brasil têm se mostrado pouco susceptíveis às importações das discussões da teoria de currículo de outros países, no âmbito das macropolíticas curriculares e educacionais sentimos com clareza a força do modelo neoliberal internacional. Isso é evidente na presença do Banco Mundial na definição de políticas educacionais, na predominância da lógica financeira sobre a social na educação – que subordina a educação à racionalidade econômica –, e na preponderância de medidas que implantam estratégias para tornar a educação mais competitiva.

Muitos estados construíram seus currículos oficiais com base na BNCC. A maioria dos municípios brasileiros fizeram a adesão ao currículo elaborado pelo Estado onde está situado, já que lhes foi dada a opção de escolher se elaborariam o seu próprio currículo ou se fariam a adesão ao currículo do seu Estado. O estado de Minas Gerais, por exemplo, construiu o seu *Currículo Referência de Minas Gerais* (CR-MG) com base na BNCC, em 2019, e todos os 853 municípios mineiros fizeram o "alinhamento" ao Currículo Referência. É por isso que não é exagero dizer da força de Lei da BNCC.

Contudo, também é evidente que apesar de todas essas tentativas de padronizar e controlar os currículos, o currículo em ação, esse currículo-menor feito em processos externos ao Estado é incontrolável. É possível sempre ampliar as possibilidades políticas do currículo, investindo na produção contextual do currículo, de modo que possamos continuar trabalhando com os currículos que acreditamos. Isso porque em qualquer currículo sempre há espaço para encontros que escapam à regulação. Talvez por isso ele seja objeto de tantas cobiças, de tantos poderes, de tantas tentativas de controle. Apesar disso, no entanto, há sempre possibilidade de que um currículo se abra para a novidade, de modo a caber a diferença, gênero, sexualidade, etnias, culturas. É a abertura de corpos e pensamentos nossos, de todas nós professoras e profissionais da educação, que pode criar possíveis nos currículos e nas escolas. E, nisso, as protagonistas somos NÓS!

Sugestões de leitura

MOREIRA, Antonio Flavio. Os parâmetros nacionais em questão. In: PARAÍSO, Marlucy Alves. *Antonio Flavio Barbosa Moreira*: pesquisador em currículo. Belo Horizonte: Autêntica, 2010, pp. 118-132.
O artigo escrito durante o processo de elaboração dos Parâmetros Curriculares Nacionais analisa desde as justificativas apresentadas pelo Ministério da Educação para sua implementação até os problemas que identifica no documento. Trata-se de um artigo com uma importância histórica dessa política curricular dos anos 1990 no Brasil.

AGUIAR, Márcia Ângela; DOURADO, Luiz Fernandes (Orgs.). *A BNCC na contramão do PNE 2014-2024*: avaliação e perspectivas. [Livro Eletrônico]. Recife: ANPAE, 2018. Disponível em: <https://www.anpae.org.br/BibliotecaVirtual/4-Publicacoes/BNCC-VERSAO-FINAL.pdf>. Acesso em: 18 jun. 2022.
O livro apresenta oitos artigos que problematizam a concepção e os desdobramentos da implantação da BNCC no campo educacional e na relação com as demais políticas setoriais.

Conclusão:
o vitalício

As diferentes teorias e políticas abordadas neste livro mostram a força de um currículo em qualquer projeto de sociedade que se queira construir. Mas elas mostram também que o currículo tem uma relação intrínseca com vida, porque é um território de criação de possíveis e o que a vida quer é criar possibilidades de perseverar. Há em um currículo, assim como há na vida, possibilidades de seguir caminhos desconhecidos em processos criativos nos quais as minorias se metamorfoseiam, criam o *currículo-menor* e lutam contra o intolerável; contra todos os modos limitantes e formatados de professorar e ensinar.

Por isso, nesta conclusão, (con)fabulo uma vida para o currículo que atenda ao meu desejo de vê-lo sempre conectados à vida. Convoco vocês a experimentar ouvidos novos para escutar uma fábula e fabricar comigo um currículo vitalício que tenha em sua genética a diferença; que tenha em sua matéria a experimentação nômade, e que (con)fabule com tudo que faça a vida proliferar.

Necessito de ouvidos novos porque (con)fabular é fantasiar. É combinar, maquinar, tramar, trocar ideias em tom suspeito, misterioso. É imaginar coisas fabulosas, compor tramas que possam auxiliar a estabelecer a diferença. Confabulo aqui um currículo vitalício e compartilho com vocês, sonhando que levem essa fábula a diferentes partes, fazendo novas tramas e, então, de tanto repeti-la na diferença, possamos escutar os gritos de um currículo que não pode e não quer se separar da vida. Afinal, a diferença habita a repetição, já que a repetição não pode, jamais, ser repetição do mesmo. A repetição traz diferença, e ao trazê-la pode arrastar o currículo para fora das significações que o enquadraram. Uma vez livre, o currículo pode se associar às intensidades, e perceber a força de sua conexão com a vida.

Misturando história, geografia, ficção, sonho e, inserindo a diferença nessa geo-história-ficção, confabulo um currículo conectado com a vida, que é hoje, certamente, um sonho. Essa imaginação-sonho está conectada com a perspectiva do pensamento da diferença que conecta ciência, docência, arte, filosofia, literatura, currículos e pedagogias para mobilizar pensamentos que nos tirem do lugar e nos possibilite pensar, sentir, escrever, criar, tirando o currículo dessa função de prescrever que lhe atribuíram, e conectá-lo com a vida. Lembro que há pensamento na filosofia, mas também na ciência, na arte, na pedagogia, no currículo.

A seguir, apresento a fábula. Com ela, nesta conclusão do livro, desejo mostrar que, em nosso ofício docente necessitamos estar sempre à espreita para manter currículo e vida conectados. Do contrário, nosso professorar não estará ampliando a potência de diferenciação do pensamento e da vida. Por isso peço: venha comigo nessa fábula! Confabulemos escutando essa invenção sobre *currículo e vida*, que passo a narrar, porque a invenção do presente é um modo de instaurar o futuro.

EIS A FÁBULA: CURRÍCULO DA DIFERENÇA-VITALÍCIO

Currículo nasceu na cidade antiga de Taxila, que ficava na região do Punjab, no atual Paquistão. Cresceu e se fixou ali, orientado por sua mãe Mandavi, estrategicamente, até poder seguir caminho, já que

Taxila era localizada no cruzamento de três importantes rotas: a Estrada Real que vinha da Índia Oriental, a Estrada da Ásia Ocidental e a estrada da Caxemira e Ásia Central. Currículo era o filho caçula de Mandavi e Bharata, que tiveram outros quatro filhos: Taksha, Caminho, Verdade e Vida. Bharata trabalhava com sabedoria para manter e ampliar o poder do seu reino. Seguia, para isso, as orientações e os ensinamentos de sua mulher, Mandavi, que era educadora de natureza não guerreira, volta-da para atividades artísticas, para o ensinar espalhando saberes, para a compreensão da natureza, as práticas espirituais, os estudos filosóficos e para a *relação* com as pessoas.

Mandavi, mãe de Currículo e seus quatro irmãos, era uma sábia-vidente, conhecedora das pessoas, plantas, animais, mares, rios e Terra, conhecimentos que ela ensinou a Currículo desde pequenino. Alguns a chamavam de *Deusa da sabedoria, da escrita e da leitura*; outras de *Deusa da Terra, das artes e mães*; e outros, ainda, de *Deusa das águas, rios e oceanos*. O certo é que tinha no seu próprio nome o *mando* e a *vida*, e sabia que seus filhos mudariam o mundo.

O irmão mais velho de Currículo, Taksha, era o herdeiro do trono, e recebeu toda a atenção de seu pai, Bharata, que o preparou para governar o reino de Taksha Khanda. Taksha tornou-se, ainda jovem, o rei indiano e, fez o reino prosperar em sabedoria como nunca se havia visto por aque-las terras. Tinha uma escuta atenta às ideias de sua mãe e de seu irmão caçula, Currículo, que ele percebia ser sábio e possuir um desejo enorme de ensinar e aprender. Foi de Currículo a ideia de construir a primeira universidade que se tem notícia. Currículo pensou, desejou e desenhou a Universidade Antiga de Taxila que Taksha, já rei, construiu, sob medida. Taksha morreu jovem, mas teve tempo suficiente para ver seu povo se educando na diferença e seus irmãos e sua mãe trabalhando juntos, incan-savelmente, na primeira universidade existente no mundo e que viria a se expandir por outros territórios. O trabalho, o amor pelo saber, a prática de autoconhecimento e as éticas do cuidado de si mesmo, da hospitalidade e da experimentação salvaram Mandavi, Currículo, Caminho, Verdade e Vida da tristeza por essa perda. Vamos "transformar generosamente a tris-teza em alegria!", dizia Currículo a sua mãe e aos seus irmãos.

Com tanta abertura para a experimentação e paixão pelo conhecimento, Currículo fez da Universidade de Taxila, entre o período de 700 a.C. até 500 d.C., o espaço adequado para a diferença fazer seus jogos, para a transformação, o acolhimento e a experimentação. Ali foram educados mais de 10.000 jovens vindos da atual Índia, do Paquistão, da Babilônia, Grécia, Síria, China e outros locais da península hindustânica. Aquela cidade, com rotas que levavam a tantos lugares, era o espaço adequado para Currículo crescer, se conectar com a multiplicidade e marcar sua existência, como previra e desejara sua mãe. Currículo amava encontrar e ouvir os inúmeros sábios que por ali circulavam. Era ouvinte atento, corajoso, determinado, cúmplice, com escuta sensível e acumulava como ninguém os conhecimentos que via e experimentava.

Vida era irmã gêmea de Currículo. Nascida três minutos antes de seu irmão, Vida era leve, livre, intensa, alegre, pura força nômade, arteira, encantadora, confiante, apaixonada e apaixonante. Sabia que precisava ser intensa para não ser aprisionada, mas isso só a enchia de leveza e alegria e não de culpas ou remorsos. Caminho nascera quatro anos antes de Currículo, e era objetivo, obediente, previsível, rígido, só pensava nos modos como realizar algo ou atingir um objetivo traçado. Verdade, por sua vez – que era dois anos mais nova que Caminho e dois anos mais velha que os gêmeos Currículo e Vida –, era veraz, contundente, segura, sincera, comprovadora, distinguidora; chegava a ser cansativa em seus hábitos de demostrar. Mandavi conhecia a alma de cada um de seus filhos, e ensinava-lhes aquilo que precisavam saber para ajudar o mundo.

Na Universidade de Taxila, Currículo pôde existir, crescer, experimentar, acolher, acontecer e deixar a diferença proliferar. Amante de todos os saberes, a cada mestre com um novo saber que ali chegava, Currículo encontrava um espaço para incluí-lo. Amava a diferença que, ele sabia, é o elemento genético da multiplicidade. E porque amava a multiplicidade, reuniu em torno de si grandes mestres que ensinavam cerca de 68 matérias, tais como: os vedas (escrituras que tratam do conhecimento espiritual), gramática, leitura, filosofia, medicina, plantas, direito, cirurgia, mitologia, política, astronomia, astrologia, contabilidade, comércio, documentação, futurologia, ciências ocultas, forças da natureza, técnicas para unificação com o divino, cálculos complexos, oralidade, diferentes artes – que incluíam pinturas, desenhos, música, dança, arte de representação, escultura, cerâmica, poesias, ourivesaria, modelagem em argila, trabalho com bronze, cobre e ferro, arco e flecha, caça, conhecimentos sobre elefantes etc.

Currículo convivia bem com seus irmãos; mas sua mãe precisava lembrar-lhe sempre que era **entre** eles que adquiria forças para movimentar, criar e expandir. Caminho ajudava Currículo a seguir uma rota, um percurso para não se perder. Lembra-lhe seu sentido etimológico de "pista de corrida", com saída e chegada preestabelecidas, com um percurso antecipadamente estipulado a ser seguido. Verdade, por sua vez, demonstrava a Currículo a importância da comprovação, da distinção entre o correto e o errado, entre o verdadeiro e o falso, entre o espiritual e o terreno, entre a cultura e a natureza. Contudo Currículo percebia que tanto Verdade como Caminho, com essa mania de medição e veridição e de prescrição antecipada de um percurso, deixavam escapar saberes insurgentes tão interessantes e importantes que lhe deixavam abismado. Por isso Currículo sentia que precisava da companhia de sua irmã gêmea, Vida, para lembrá-lo de coisas simples que ele não poderia se esquecer: movimentar, sorrir, brincar, acolher, dançar, amar, respirar, aceitar o acaso, o ir e vir, o intensivo, o intempestivo...

Currículo percebia a necessidade de se equilibrar com seus irmãos tão diferentes para que ele pudesse *durar* e até se tornar *vitalício*, como sua mãe, Mandavi, determinara-lhe. Ele lembrava as inúmeras vezes que sua mãe soprava nos seus ouvidos, com aquela voz enigmática que parecia um presságio: Currículo e Vida jamais podem se separar, pois um mundo de atrocidades pode acontecer!

Com agenciamentos, nem sempre harmoniosos, mas muito férteis, com Caminho, Verdade e Vida – sob a orientação de Mandavi – Currículo viveu de maneira nômade, se expandiu, se multiplicou e existiu em vários lugares e instituições, antes mesmo da própria ideia de universidade ser formulada. Seguindo por diferentes rotas, Currículo existiu de modo

Currículos

aberto, conectável às culturas e às necessidades de diferentes povos, em lugares como: 1) a *Universidade de Nalanda*, entre os séculos 5 e 13 d.C., localizada na região de Bihar, na Índia; 2) a *Universidade al Quaraouiyine*, fundada no ano 859 por uma mulher (Fatima al-Fihri), na cidade de Fez, Marrocos; 3) a *Universidade de Alazar*, fundada na década de 970, localizada em Cairo, Egito; 4) a *Universidade de Bolonha*, na Itália, fundada, em 1088, por estudantes como um local para intercâmbio de conhecimento variados de diferentes áreas...

Aceitando os desvios que a vida encontra para perseverar, Currículo se expandiu por escolas e universidades em diferentes continentes, antes mesmo que o mundo pronunciasse seu nome. Quando Currículo se tornou *vitalício*, Mandavi pôde descansar, abrindo mão, portanto, de sua vida terrena e assumindo a sua divindade. Currículo sofria sem sua mãe-Deusa, mas entendia que precisava seguir, com Caminho, Verdade e Vida, e se expandir pela Terra, com a mesma alegria de ensinar e desejo de aprender que sua mãe lhe incumbira. E assim o fez...

Contudo, por voltas do século XVI, Currículo entrou na mira dos seguidores de JC (um religioso-reformista, barbudo e moralista), que se espalharam pela Europa e acusavam as escolas, as universidades e toda a sociedade de indisciplinadas, desorganizadas e cheias de "balbúrdias". Eles pregavam disciplina, organização, diferenciação, moralização, controle na educação. Quando JC assumiu o governo de Genebra, ele gritou aos berros que não gostava de nada que fosse alegre ou se parecesse com festa. Currículo e Vida corriam sérios perigos. Viam, amedrontados, as várias execuções e todas as penas severas aplicadas àqueles que transgrediam as leis criadas para disciplinar e moralizar a sociedade. Viam a tentativa de aprisionar saberes e a diferença, de controlar o ensino, de eliminar tudo que era divertido, belo e alegre da vida, desde o ritual e a música instrumental da missa, passando pela eliminação dos vitrais, quadros e imagens das igrejas – reduzindo o culto a um sermão entre quatro paredes nuas – chegando até a proibição do teatro, jogo de cartas e a dança aos domingos.

Currículo via estarrecido como, em um piscar de olhos, tudo o que ele considerava mais belo na educação era considerado pernicioso. Via, também, como tudo que se fazia aos domingos para cultivar o espírito, para descansar, se relacionar, festejar, viver, passou a ser considerado crime. A educação tinha que ser planejada, organizada, moralizada, controlada. Nada de liberdade, saberes que fizessem pensar, criar ou acolher as diferentes vidas. Os seguidores do JC esbravejavam que só existia uma Verdade e um Caminho. Sem dar chance a Currículo de escapar, prenderam-no em *grades*, separaram-no da Vida e repetiram para ele, numa espécie de tortura, que o seu sentido etimológico era o de "caminho, pista, percurso" e que se ele realmente quisesse sobreviver teria que deixar de vez sua vida solta, livre, hospitaleira, e que eles consideravam "inconsequente". Bradavam que ele deveria prescrever e diferenciar se não quisesse ter o mesmo fim que todos aqueles que transgrediram suas leis e regras protestantes.

Currículo, que prometera a sua mãe ter uma vida nômade e perpétua, aceitou essa determinação, e foi aprisionado. Encheram-no de importância e arrogância, por meio de torturas diárias, ao ponto de fazê-lo, não raras vezes, repetir: "Eu sou o Caminho, a Verdade e a Vida!" Desde então, Currículo passou a viver uma espécie de crise. Em vez de *compor* com seus irmãos, ele fora levado a atribuir a si mesmo todas as importantes características de todos eles. Por um longo tempo se achou o mais importante, o imprescindível, ainda que ordenado, controlado e enjaulado, já que disposto em "grades".

Mas Currículo, sucumbindo aos poderes instituídos, vivia conflitos incontornáveis. Não esquecia sua natureza inclusiva, hospitaleira, experimental, acolhedora, de paixão pelos saberes, pela diferença e pela vida. Lembrava os ensinamentos de Mandavi: ele jamais deveria se separar de Vida! Currículo sabia, porque já experimentara, o quanto seus agenciamentos com Vida podiam ser potentes. Mesmo em tempos em que as tentativas de controle eram absurdamente imperantes, dificultando o pensar, o *afetar* e o perceber, Currículo sentia sua mãe Mandavi, todos os dias, ao despertar e antes de dormir, lembrando-lhe com voz mansa e sábia, traçando – com suas mãos leves e moventes, que pareciam mãos de dançarina –, no espaço onde estavam, um traço de união juntando Currículo-e-Vida.

Foi num desses despertar que Currículo, com um lampejo de força clandestina, traçou outro caminho para sua existência. Sim, ele já era o *Vitalício* e estava *enjaulado*; mas ele seria também *incontrolável*, por mais que o tentassem controlar e manipular. Ele estaria lá, em qualquer lugar, aberto, a qualquer pessoa que rompesse suas grandes, ainda que na surdina; que desviasse seu curso, ainda que por debaixo de rios e mares; que confabulasse existências outras, ainda que em confronto direto com as determinações das Igrejas e Estados; que incluísse novos saberes, ainda que desviantes do conhecimento considerado verdadeiro; que conectasse vidas, todas as vidas, infames ou não; que operassem para liberar a vida, "lá onde ela é prisioneira".

E foi assim que Currículo se reconectou com seus irmãos – Caminho, Verdade e Vida. Aprendeu e ensinou a superar obstáculos. Tornou-se, assim, o *Vitalício enjaulado-incontrolável* que dá o que pensar, o que fazer, o que dizer e o que criar, indefinidamente, na educação, se movimentando para acolher a todas as pessoas que se conectam com a diferença, que lutam, desviam, transgridem e insurgem para fazer a **vida triunfar**.

Bibliografia

Pelo objetivo deste livro, não devo fazer referências ao longo do texto. Contudo, incluí o nome de livros clássicos e seus autores no próprio corpo do texto quando estava apresentando suas ideias. Além disso, coloquei ao final de cada capítulo algumas sugestões de leitura. Por fim, apresento a seguir uma bibliografia que, embora não citada no texto, certamente foi importante para a escrita deste livro e pode ser consultada por todas as pessoas que desejam aprofundar os temas aqui discutidos.

AGUIAR, Márcia Ângela; DOURADO, Luiz Fernandes. (Orgs.). *A BNCC na contramão do PNE 2014-2024*: avaliação e perspectivas. [Livro Eletrônico]. Recife: ANPAE, 2018. Disponível em: <https://www.anpae.org.br/BibliotecaVirtual/4-Publicacoes/BNCC-VERSAO-FINAL.pdf>. Acesso em: 18 jun. 2022.

BERNARDO, Fernanda. A ética da hospitalidade ou o porvir do cosmopolitismo por vir. *Revista Filosófica de Coimbra*, n. 20, 2001, pp. 333-426.

BUTLER, Judith. *Problemas de gênero:* feminismo e subversão da identidade. 22. ed. Rio de Janeiro: Civilização Brasileira, 2018.

CORAZA, Sandra *O que quer um currículo?* Pesquisas pós-críticas em educação. 3. ed. Petrópolis: Vozes, 2004.

DELEUZE, Gilles; GUATTARI, Félix. *Kafka*: por uma literatura menor. Rio de Janeiro: Imago, 1977.

_____. *Conversações* – 1972-1990. São Paulo: Ed. 34, 1992.

_____. *Proust e os signos*. Rio de Janeiro: Forense Universitária, 2006.

_____. *Diferença e repetição*. Rio de Janeiro: Paz & Terra, 2018.

DERRIDA, Jacques. A diferença. *Margens da filosofia*. São Paulo: Papirus, 1991.

FONSECA, Tania; NASCIMENTO, Maria Lívia; MARASCHIN, Cleci (Orgs.). *Pesquisar na diferença*: um abecedário. Porto Alegre: Sulina, 2012.

FOUCAULT, Michel. *Ditos e Escritos V*: Ética, sexualidade, política. Rio de Janeiro: Forense, 2004.

_____. O sujeito e o poder. In: DREYFUS, H. L.; RABINOW, P. Michel *Foucault*: uma trajetória filosófica. Para além do estruturalismo e da hermenêutica. 2. ed. Rio de Janeiro: Forense Universitária, 2009, pp. 231-249.

GOMES, Nilma Lino; SILVA, Petronilha. *Experiências étnico-culturais para a formação de professores*. 3. ed. Belo Horizonte: Autêntica, 2011.

MBEMBE, Achille. *Sair da grande noite:* ensaio sobre a África descolonizada. Tradução de Narrativa Traçada. Luanda: Mulemba; Mangualde: Pedago, 2014.

MEYER, Dagmar. Gênero e educação: teoria e política. In: LOURO, Guacira et al. (Orgs.). *Corpo, gênero e sexualidade*: um debate contemporâneo em educação. 9. ed. Petrópolis: Vozes, 2013, pp. 9-27.

MOREIRA, Antônio Flávio; CANDAU, Vera (Orgs.). *Multiculturalismo, diferenças e práticas pedagógicas*. 10. ed. Petrópolis: Vozes, 2008.

NODARI, Karen Elisabete. *Percursos da escola:* entre Nietzsche e Deleuze. Porto Alegre: Mikelis, 2017.

PARAÍSO, Marlucy Alves. *Uma vida de professora que forma professoras/es e trabalha para o alargamento do possível no currículo*. Curitiba: Brazil Publishing, 2019.

_____. (Org.). *Antonio Flavio Barbosa Moreira*: Pesquisador em Currículo. Belo Horizonte: Autêntica, 2010.

ROLNIK, Suely. *Esferas da insurreição*: notas para uma vida não cafetinada. São Paulo: n-1 edições, 2018.

SKLIAR, Carlos. *Pedagogia (improvável) da diferença:* e se o outro não estivesse aí?. Rio de Janeiro: DP&A, 2003.

SILVA, Tomaz Tadeu da. *O que produz e o que reproduz em educação*. Porto Alegre: Artes Médicas. 1992.

_____. (Org.) *Alienígenas na sala de aula*: uma introdução aos estudos culturais em educação. 11. ed. Petrópolis: Vozes, 2013.

TADEU, Tomaz; CORAZZA, Sandra; *Composições*. Belo Horizonte: Autêntica, 2003.

A autora

Marlucy Alves Paraíso é professora titular da Faculdade de Educação da Universidade Federal de Minas Gerais (UFMG) e do Programa de Pós-graduação em Educação da mesma instituição. Possui doutorado em Educação pela Universidade Federal do Rio de Janeiro (UFRJ). É pesquisadora Produtividade em Pesquisa do CNPq Nível 1B e fundadora e coordenadora do GECC: Grupo de Estudos e Pesquisas em Currículos e Culturas da UFMG. Seus trabalhos de ensino, pesquisa, extensão e orientação têm como foco os currículos da educação básica, currículo e diferença, currículo e culturas, currículo, gênero e sexualidades.

CADASTRE-SE
EM NOSSO SITE,
FIQUE POR DENTRO DAS NOVIDADES
E APROVEITE OS MELHORES DESCONTOS

LIVROS NAS ÁREAS DE:

História | Língua Portuguesa
Educação | Geografia | Comunicação
Relações Internacionais | Ciências Sociais
Formação de professor | Interesse geral

ou
editoracontexto.com.br/newscontexto

Siga a Contexto
nas Redes Sociais:
@editoracontexto

GRÁFICA PAYM
Tel. [11] 4392-3344
paym@graficapaym.com.br